「仏教論」シリーズ 5

日蓮を語る

SPEAKING ON NICHIREN

大川隆法

Ryuho Okawa

まえがき

当会の仏法真理の歴史に関する基本書に『黄金の法』や『大悟《たいご》の法』がある。仏陀をはじめとする有名な仏教者についての簡潔《かんけつ》な叙述《じょじゅつ》がなされているが、登場人物とその基本的思想に焦点をあてて、一層専門的レベルの講義書が内部出版で出されている。

今回、幸福の科学大学創立にあたって、『仏教論』について取りまとめてほしいとの要望が文部科学省側から出されたので、私の仏教思想及びその解釈について、外部出版として公けにすることにした。仏教学の専門家の講義として十分に通用する内容であるので、幸福の科学大学の宗教的側面を支える力を持つものだと思う。

当会の仏教理解が十分に学問レベルに達しており、専門科目として教授するにたる内容となっていると思う。

本書を出発点として更なる仏教研究が可能になると考える。

二〇一四年　八月十日

幸福《こうふく》の科学《かがく》グループ創始者兼総裁《そうししゃけんそうさい》

幸福《こうふく》の科学大学創立者《かがくだいがくそうりつしゃ》　大川隆法《おおかわりゅうほう》

日蓮を語る　目次

まえがき　1

第1部　日蓮《にちれん》を語る

――『黄金の法』講義⑤――

二〇〇二年十一月二十六日　説法《せっぽう》
東京都・幸福の科学総合本部にて

1　**日蓮は意外に「理論派」で「学者」だった**　14
鎌倉《かまくら》仏教の〝最終ランナー〟として登場した日蓮　14
学問的に教学を究《きわ》めた日蓮の修行《しゅぎょう》時代　16

帰山《きさん》後の清澄寺《せいちょうじ》で行われた日蓮の初説法　20

迫害《はくがい》も覚悟《かくご》の上で説法に臨《のぞ》んだ日蓮　22

2

「念仏無間《ねんぶつむけん》」の真意 ―― 釈尊《しゃくそん》をないがしろにしている　27

なぜ、日蓮が念仏系の仏教を批判したのか　27

理論的な論拠《ろんきょ》から、「仏教が滅《ほろ》びる」という焦《あせ》りを抱いた日蓮　29

3

「禅天魔《ぜんてんま》」の真意 ―― お経《きょう》をないがしろにしている　32

「拈華微笑《ねんげみしょう》」に始まる「教外別伝《きょうげべつでん》」「不立文字《ふりゅうもんじ》」　32

「教外別伝・不立文字」「坐禅《ざぜん》」は仏教の本質ではない　34

4

「真言亡国《しんごんぼうこく》」の真意 ―― 密教《みっきょう》は釈尊の真説ではない　38

「密教」の道場と化していた「比叡山《ひえいざん》」　38

深い勉強の結果、「大日如来信仰《だいにちにょらいしんこう》」を批判した日蓮　41

「護摩《ごま》焚《た》きを中心とする密教」は仏教として異端《いたん》だった 44

5 「律国賊《りつこくぞく》」の真意 —— 名誉心《めいよしん》にとらわれた偽善者《ぎぜんしゃ》だ 46

6 『法華経《ほけきょう》』の優《すぐ》れた点①——みんなが仏になれる教え 48

『法華経』は「原点主義」だった日蓮が立ち返ったお経 48

天台智顗《てんだいちぎ》の説く「一念三千《いちねんさんぜん》」を通して、『法華経』こそ「万人《ばんにん》を悟《さと》りに導く教え」と考えた日蓮 51

「民主主義運動」に近い考え方を持っている『法華経』 54

7 『法華経』の優れた点②——この世そのものを変えていく 57

「あの世に救いを求める念仏宗」の〝嘘《うそ》〟とは 57

日蓮が目指したのは「悟りに基《もと》づく仏国土《ぶっこくど》ユートピア」 59

為政者《いせいしゃ》の「隠《かく》れ蓑《みの》」に使われる恐《おそ》れがある念仏宗の思想 62

「『法華経』は釈尊の直説《じきせつ》・金口《こんく》である」と信じていた日蓮　64

8
『法華経』の優れた点③――「久遠実成《くおんじつじょう》の仏陀《ぶっだ》」の登場　67

「転生輪廻《てんしょうりんね》の思想」と「未来成仏《じょうぶつ》（授記《じゅき》）」が強く出ている『法華経』　67
「地涌《じゆ》の菩薩《ぼさつ》のリーダーの生まれ変わり」と確信していた日蓮　70
「人間・釈迦」から「久遠実成の仏陀」宣言《せんげん》への移行　73
「釈尊」と「地涌の菩薩」との関係が理解できなかった弟子《でし》たち　75
『法華経』によって釈尊誕生以前にまで伸《の》びた「救いの手」　78

9
『立正安国論《りっしょうあんこくろん》』を著《あらわ》し、法難《ほうなん》が続く　82

執権《しっけん》・北条時頼《ほうじょうときより》に『立正安国論』を提出する　82
焼き討《う》ちに遭《あ》った「松《まつ》葉《ば》ケ谷《がやつ》の法難」　84
迫害を受けることを「上行《じょうぎょう》菩薩の証明」と喜んだ日蓮　86

幕府に「伊豆流罪《いずるざい》」にされるも再び助かる　88

10 「竜《たつ》ノ口《くち》の法難」での不思議な現象　90

傷を負いながらも奇跡《きせき》的に助かった「小松原《こまつばら》の法難」　90
為政者側にとって不都合《ふつごう》な存在である「他宗排撃《はいげき》の強い宗教」　92
平頼綱《たいらのよりつな》の陰謀《いんぼう》によって起こる「竜ノ口の法難」　94
八幡宮《はちまんぐう》にて〝パフォーマンス〟を行《おこな》った日蓮　95
真夜中に行われようとした日蓮の処刑《しょけい》に集まった大勢の観客　98
突然《とつぜん》、江《え》ノ島《しま》のほうから鞠《まり》のように飛んできた「光り物」　100
竜ノ口の「光り物」の正体は、UFO、流星、それとも球電《きゅうでん》現象？　101
庭の梅の枝に「明星《みょうじょう》のような光り物」がかかった奇跡　104
偶然《ぐうぜん》とは思えない神秘現象によって命を救われた日蓮　105

「蒙古襲来《もうこしゅうらい》」の予言が的中しても、
諫言《かんげん》を受け入れられなかった日蓮 109

11 日蓮は「イエスと似た性格の人」だった 111

激しさの一方で、人情《にんじょう》が細《こま》かく女性に優《やさ》しい人だった日蓮 111
この世を超《こ》えた霊的《れいてき》な人だった日蓮とイエス 112
教団初期の激しさを「後世の大教団」がまねることで生じる問題 115
現代の日蓮系教団に求められる自重《じちょう》の精神 117

第2部　質疑応答

──『黄金の法』講義⑤──

二〇〇二年十一月二十六日　説法
東京都・幸福の科学総合本部にて

鎌倉仏教の問題点と、評価すべき点とは　120
「難しい奈良《なら》仏教」では庶民《しょみん》が救われない　121
大衆救済の背景にある「源平《げんぺい》の戦い」　122
「学問的な正しさ」より「どうすれば救えるか」を考えている　124
浄土宗の「南無阿弥陀仏《なむあみだぶつ》」に対応する、日蓮の「南無妙法蓮華経《なむみょうほうれんげきょう》」　126

一般《いっぱん》の社会に仏教を解《と》き放《はな》った鎌倉仏教　128
「地ならし」として続いていることはありがたい　131

第1部　日《にち》蓮《れん》を語る

――『黄金の法』講義⑤――

二〇〇二年十一月二十六日　説法《せっぽう》

東京都・幸福の科学総合本部にて

1　日蓮《にちれん》は意外に「理論派」で「学者」だった

鎌倉《かまくら》仏教の〝最終ランナー〟として登場した日蓮《にちれん》

本書では、鎌倉《かまくら》仏教の〝最終ランナー〟とでもいうべき日蓮《にちれん》（一二二二～一二八二）について述べたいと思います。

意外かもしれませんが、この人は、鎌倉仏教におけるほかの有名な祖師《そし》たちより遅《おそ》く生まれています。法然《ほうねん》（一一三三～一二一二）からは九十年ぐらいずれている感じでしょうか。

鎌倉仏教といっても、法然あたりのときには、かなり弾圧《だんあつ》されたりしていたのですが、日蓮の時代になると活躍時期《かつやくじき》が五十年以上たっているため、その教えも日本全国に広がっていたような状況《じょうきょう》でした。つまり、それだけ迫害《はくがい》された教えが、かなり全国に広がっていたような状況で、日蓮が登場したという感じでしょう。

なお、道元《どうげん》（一二〇〇～一二五三）や親鸞《しんらん》（一一七三～一二六二）は日蓮よりも年上ですが、同時代人として重なってはいたものの、生涯《しょうがい》、相見《あいまみ》えることはなかったようです。ただ、当時としては、そのようなものかもしれません。お互《たが》いに直接知ることはなかったのでしょう。

親鸞も活躍していたとは思いますが、当時は、まだそれほど有名ではなかったわけです。法然は有名だったものの、親鸞は、法然の何人かの弟子《でし》の一人という感じでした。

また、道元は、鎌倉に来たことはあるにしても、主として北陸が中心ですので、まだそれほど知られてはいなかったと言うべきかもしれません。

そういうことから、おそらく日蓮は、法然の「念仏《ねんぶつ》」や栄西《えいさい》の「禅《ぜん》」、あるいは、空海《くうかい》から比叡山《ひえいざん》に流れてきている「密教《みっきょう》」の部分などが頭にあって活動した人であると考えてよいと思います。

学問的に教学を究《きわ》めた日蓮の修行《しゅぎょう》時代

日蓮は、一二二二年に生まれ、十二歳《さい》で清澄山《きよすみやま》に登り、最初は蓮長《れんちょう》と称《しょう》しました。なお、受戒《じゅかい》して最初に学んだものは浄土教《じょうどきょう》であり、念仏系の教えです。師匠《ししょう》も念仏系の人であって、日蓮は、清澄山の清澄寺《せいちょうじ》という〝念仏のお寺〟に入って、出家《しゅっけ》したわけです。

その後、十六歳で一人前になり、二十歳ごろに修行《しゅぎょう》に出ます。鎌倉でいろいろな寺を回り、さらに比叡山に留学しました。そこで十年ぐらい勉強して、三十歳を過ぎて帰ってきたわけです。

最初の寺では、浄土教を学んだほか、天台宗《てんだいしゅう》のほうの密教もだいぶ勉強していますから、十年余りの間《あいだ》に、各宗派の勉強は、かなりしているでしょう。

一般《いっぱん》には日蓮というと、勇気がある行動論者であり、行動主義の人だというイメージが強いと思いますし、私も長年そのような感じを受けてはいました。ところが、いろいろ考えてみると、「この人は意外に学者である」という感じが非常に強くしてきたのです。

日蓮は、十数年の間、非常に熱心に勉強し、「真理を悟《さと》った」というか、「確信した」ということに対してたいへん強い自信、自覚を持っていたのではないかと感じられました。

やはり学問でも同じですが、「これが真理だ」ということを発見した場合、それを強く訴《うった》えるでしょう。

ところが、「これこそが真理だ」と主張しても、初めて発見したような真理であると、たいてい周りの人は認めてくれないわけです。そして、認めてくれないがゆえに、それについて自信があればあるほど、強く主張することになります。その結果、反発を受け、数多くの敵ができて、一定の期間が過ぎたあとに認められるわけです。

学問的な真理の発見の際には、このようなパターンが非常に多くありますけれども、日蓮は似たようなパターンを取っているので、意外に「学者」だったのではないでしょうか。

この人は、学者として各宗派の教えを一通《ひととお》り勉強し、勉強するにつれて確信に達して、それを自分自身の揺《ゆ》るぎない自信にしたのだと思うのです。

しかし、ほかの人たちはそれほど深く勉強をしていなかったために、この激しさが理解できなかったのかもしれません。ここまで勉強して、「これが真理だとつかんだのだ」と言っているのが分からなかったのではないでしょうか。

そういう面がありますので、行動主義の人だとは思っていたのですが、意外に理論派の人です。「理論派であり、理論の筋《すじ》を通して、けっこう人間関係で妥協《だきょう》しない人だったのではないか」という感じが強くしました。

帰山《きさん》後の清澄寺《せいちょうじ》で行われた日蓮の初説法《せっぽう》

さて、日蓮は、十二歳で清澄寺《せいちょうじ》に入門し、十六歳で受戒して、二十歳ごろに送り出されて鎌倉へ行き、さらに比叡山へ行って、勉強を終えて帰ってきたわけです。弟子は何人もいたようですけれども、当然、寺の跡継《あとつ》ぎの有力候補の一人だったのでしょう。

そういう若手が、先輩《せんぱい》たちを差し置いて勉強に行き、新進気鋭《しんしんきえい》の学者として帰ってくるということで、師匠以下、みなが迎《むか》えてくれて、〝卒業演説〟のように勉強の発表となりました。その発表の舞台《ぶたい》をしつらえ、清澄寺の在家《ざいけ》の信者も集めてくれたので、〝基調演説〟のように説法《せっぽう》をしたのです。

ところが、その説法で日蓮は、「念仏無間《ねんぶつむけん》、禅天魔《ぜんてんま》、真言亡国《しんごんぼうこく》、律国賊《りつこくぞく》」と、こう来たわけです。

もともとこの清澄寺が念仏系で、その寺の師匠に浄土教を教わりましたし、周りの弟子は、兄弟子《あにでし》も弟弟子《おとうとでし》も念仏系なのです。また、地頭《じとう》であった東条《とうじょう》氏も、浄土教の信者ですから、念仏信者です。その東条氏以下、みな念仏信者が来て、声聞《しょうもん》しているところで、「私は真理を発見した。『法華経《ほけきょう》』こそが最高の教えだということを確信した。念仏を信じている人は無間地獄《むけんじごく》に堕《お》ちるぞ」と言ったわけです。

無間《むけん》地獄、あるいは、無間《むげん》地獄とは、「いちばんの底」「地獄の底」を意味しますから、要するに、「念仏をやった人は地獄の最深部に堕ちるぞ」と言っているわけです。

そうなると、師匠も兄弟子も在家の信者も、このままでは、みな地獄に堕ちてしまいます。やはり、「地獄のいちばん底まで堕ちる」と言われたら腹が立つでしょう。「誰《だれ》の金で留学したんだ。学資はどこが出したんだ。おまえを育てたのは誰だ。いいかげんにしろ」ということです。

ちなみに、日蓮の父親も母親も念仏信者でした。周りはすべて念仏系だったのです。

迫害《はくがい》も覚悟《かくご》の上で説法に臨《のぞ》んだ日蓮

日蓮は、念仏の寺、念仏の道場に、跡取りになるということで帰ってきて、みなが、いかに勉強してきたかを発表してくれるものだと期待して並んでいたのです。ところが、そんなことはへっちゃらで、すっ飛ばしてしまい、「私の真理は」と、理論的発見を語り始めました。まるで、ニュートンが物理学の発見でもしたかのように、開口一番、「念仏無間《ねんぶつむけん》」と言い放ったわけです。

これで、聴衆《ちょうしゅう》に「血が上《のぼ》るな」と言っても、無理でしょう。このとき、みな、日蓮を迫害《はくがい》して追い出したわけですけれども、この世的に見るかぎりは当然だと思います。

今で言えば、代々、漢方薬を扱《あつか》う家に育って、漢方や東洋医学を継ぐために勉強に出されたところ、いつの間にか西洋医学にかぶれて帰ってきて、「東洋医学なんか偽物《にせもの》だ。インチキだ」と、みんなの前で言って回ったようなものでしょう。みな、「何のために勉強に行ったんだ」と怒《おこ》るはずです。そのような感じではないでしょうか。

ともかく、そういうことをしてしまったわけです。「血の気《け》が多い」といえばそうなのかもしれません。私はこれを、「血の気が多く、若気《わかげ》の至りだ」、あるいは、「熱意が溢《あふ》れている人だ」と思っていました。

しかし、今では、「十二年余りの学問の研鑽《けんさん》のときに、よほど勉強して、深いところまで確信したのだ」ということが、つくづくと分かります。

比叡山では、勉強していて、何度か血を吐《は》いて倒《たお》れるぐらいのところまでいっているようですから、本当に寝食《しんしょく》を惜《お》しんで勉強したのでしょう。そして、「これこそが真理」と思ったのでしょう。

若気の至りは当然ありましょうが、本人としては、ある程度、波乱含《はらんぶく》みであることは予想していたはずです。しかし、それでも言わずにおれなかったわけです。「十年余りの勉強の結果、成果について、嘘《うそ》を言えるか」ということでしょう。

「念仏もいいけど、でも、法華《ほっけ》もいいよ」とチラチラッと言うような、そういう漸進《ぜんしん》主義で段階的に言うようなことは、とてもできなかったのだと思います。もっともっと詰《つ》めて考えるほど純粋《じゅんすい》だったのでしょう。

あと十歳ぐらい年を取っていたら、もう少し老獪《ろうかい》だったかもしれません。「とりあえず、なかに入って跡継ぎを取り、住職《じゅうしょく》になってから念仏を捨てて、宗派を替《か》えてやろう」というぐらい老獪なことを考えたのではないでしょうか。

要するに、学問だけをやった純粋な人だったということだと思います。実社会の人間関係の難しさについて、あまり考えなかったのは事実かもしれません。

そういう意味で、日蓮宗系からは、迫害した人たちがたいへんな悪人や、悪魔のように描かれるのですけれども、「常識的に考えたら、こうなるだろう」

ということは推定がつきます。

2 「念仏無間《ねんぶつむけん》」の真意
――釈尊《しゃくそん》をないがしろにしている

なぜ、日蓮が念仏《ねんぶつ》系の仏教を批判したのか

ところで、なぜ、日蓮は「念仏《ねんぶつ》は、無間地獄《むけんじごく》だ。禅《ぜん》をやったら天の魔《ま》、悪魔だ。真言《しんごん》は亡国《ぼうこく》だ。律《りつ》は国賊《こくぞく》だ」と言ったのでしょうか。これらは、すごい言葉ですし、現代では禁止用語に当たるようなものも入っているかもしれません。

ただ、これを感情の部分を抜《ぬ》きにして、理論的に考えると、日蓮がそう思ったのには理由があるとは思うのです。

彼は、幾《いく》つかの勉強をしていったわけですが、最初に念仏を学び、それから

密教《みっきょう》を学んで、天台《てんだい》のほうに入っていっています。そのように、いろいろ勉強した結果、分かってきたことがあったのでしょう。

例えば、法然《ほうねん》の念仏が流行《はや》ってはいるけれども、法然は、結局、ギューッと締《し》めていって、「『南無阿弥陀仏《なむあみだぶつ》』で救われる」という一点に絞《しぼ》ってきたわけです。それは、法然だけではなく、親鸞《しんらん》も同じです。ここに絞って、釈迦《しゃか》のその他の教え等を放り出し、「『南無阿弥陀仏』で救われる」というところに来ているわけです。

実は、「阿弥陀仏」というのは、『法華経《ほけきょう》』を緻密《ちみつ》に読むと、そのなかにもチラッとは出てきています。釈迦の過去世《かこぜ》物語のような話のなかに、十六王子の一人として、阿弥陀仏が出てくるのです。

そういう意味で、これはまったく存在しないということではありません。ただ、『法華経』全体から見ると、チラッとしか出ていないぐらいの非常にマイナーな扱《あつか》いではあるのです。

したがって、日蓮の考えからいくと、「チラッと出てくるぐらいの阿弥陀仏を、『これしかない』と一本に絞って信仰《しんこう》するということは、仏教の本師である釈尊《しゃくそん》をないがしろにすることである」というわけです。

理論的な論拠《ろんきょ》から、「仏教が滅《ほろ》びる」という焦《あせ》りを抱いた日蓮

たとえて言えば、「仏教において、釈尊を実の父親と見るならば、阿弥陀仏は、せいぜい、年下の叔父《おじ》のようなものであり、叔父を信仰して父を捨てるとは何事か」ということでしょう。

そこで、「結局、『南無阿弥陀仏』一本でいったら、基本的には、釈尊を捨てることになる。釈尊は阿弥陀仏ではないからだ。それは許しがたい暴挙《ぼうきょ》であるし、理論的にも間違《まちが》っている。仏教の流れのなかの一部に、そういうものがあることは認めてもよいけれども、そこに絞って釈尊をないがしろにし、仏教そのものを否定するような考え方は、間違いだ」ということを言ったわけです。

やはり、今日《こんにち》的観点から見ても、浄土教《じょうどきょう》や、浄土宗、浄土真宗《じょうどしんしゅう》の阿弥陀仏信仰は、仏教としてかなりの異端《いたん》性があることは明らかです。

そういう意味で、学問的に勉強した人間が理論的に見て、「『これ（南無阿弥陀仏）を本道《ほんどう》に据《す》えて、あとは捨てる』というのは、仏教的に間違いだ」と断定したことには理由があるでしょう。「これは、理論的に見て間違っている」と考えたわけで、それはよく分かるのです。

ただ、こうした信仰は、マイナーにやる分にはよいですし、弱い人や、勉強ができないような人が「南無阿弥陀仏」と言っているだけならよいのですが、それが日本国中に広がったら、大変なことでしょう。それで日蓮は、「仏教が滅《ほろ》びる」という焦《あせ》りを感じたのだと思います。

それゆえに、師匠《ししょう》や兄弟子《あにでし》の前でも、へっちゃらで、まず一発、頭からパカーンと言ってしまったわけです。

3 「禅天魔《ぜんてんま》」の真意――お経《きょう》をないがしろにしている

「拈華微笑《ねんげみしょう》」に始まる「教外別伝《きょうげべつでん》」「不立文字《ふりゅうもんじ》」

さらに、日蓮は「禅天魔《ぜんてんま》」「禅は、天魔だ。天魔の仕業《しわざ》だ」と言いましたが、それはなぜでしょうか。

実は、禅では、「教外別伝《きょうげべつでん》」、「不立文字《ふりゅうもんじ》」といって、「お経《きょう》の外《そと》に真理がある」という言い方をするわけです。通常、仏教の勉強はお経を中心として行いますが、「お経には真理がない。お経の外にあるのだ」というわけです。

ちなみに、禅の始まりとして、「世尊《せそん》の拈華微笑《ねんげみしょう》」という次のような話があります。

仏陀《ぶっだ》が一同の前で話をしようとしたときに、話をしないままに、一輪《いちりん》の華《はな》を持ってクルクルッとねじりながらニコッと笑ったところ、跡継《あとつ》ぎになったともいわれる迦葉尊者《かしょうそんじゃ》だけが、それを見てニコッと笑いました。二人だけでニコッと笑ったわけで、仏陀の気持ちは一人しか分からなかったということでしょう。

あとの人は、「何だ？　何だ？」という感じでした。ところが、話をしてくれなければ分からないはずなのに、世尊がニコッと笑ったら、迦葉がニコッと笑い返したということで、これをもって、「お経の外にある」というわけです。

つまり、「教外別伝」で、経の外にあり、「不立文字」で、「文字《もんじ》を立てずに分かるものが、真理の体得だ」ということなのだと思います。

禅における真理の伝え方は、「お経を渡《わた》したら終わり」というものではなく、師と弟子《でし》が、お互《たが》いに、お経の外にある真理を以心伝心《いしんでんしん》風に伝えるというわけです。無形の真理だから、書き著《あらわ》せないということでしょう。

要するに、「言葉に表せない」「お経に著せない」のが禅の真理であり、「どういうかたちでもよいけれども、お互いにハッと悟《さと》るようなものを以心伝心で伝える」というのが禅の教えということです。

「教外別伝《きょうげべつでん》・不立文字《ふりゅうもんじ》」「坐禅《ざぜん》」は仏教の本質ではない

これも、浄土教《じょうどきょう》を仏教から見たときに、「釈迦《しゃか》を父親としたら、阿弥陀仏《あみだぶつ》が叔父《おじ》さん程度だ」というのと同じように、やはり、禅を仏教から見ると、「そうした、『教外別伝《きょうげべつでん》』や『不立文字《ふりゅうもんじ》』ということはあるだろう。お互いに、言葉の外にあるものを感じ取ることもあるだろうし、お経に書かれていないところに真理もあるだろう。しかし、それを本質に持ってきたのでは、仏教の否定と一緒《いっしょ》ではないのか」という考えです。

「では、釈迦のお経は、全部、要《い》らないのか。まともに、それを勉強している人たちはどうなるのだ」ということです。そのようなわけで、「そうしたことを勧《すす》めるような禅宗というのは、天魔の所業《しょぎょう》だ。お経をないがしろにしている」というわけです。

実際、道元《どうげん》などは、『法華経《ほけきょう》』をずいぶん読み込《こ》んでいますので、お経を、それほど、ないがしろにしているわけではありません。実際のところ、勉強してはいるのです。

ただ、そうした、「教外別伝」や「不立文字」ということ、つまり、「『真理というのは、言葉で表せないものであり、人の心から人の心へと直接に伝えられるものである』という言い方は、仏教の本質ではない」というのが、日蓮の考えであるわけです。

そして現実に、今日的《こんにち》に見ても、この禅のみ、坐禅《ざぜん》のみを取り出して、それを「仏教」と言えるかというと、それは、実は、「仏教」というよりは、「ヨガ」のほうなのです。インドにおいて、ヨガの修行《しゅぎょう》は連綿と続いており、そのやり方を一つ、仏陀も仏教に取り入れたわけです。

仏陀は、出家成道《しゅっけじょうどう》前の六年余りの修行のときに、ヨガのいろいろな修行もやっており、仙人《せんにん》のところにも入って、ヨガ修行もしていたため、その坐法を仏教にも取り入れたわけではありますが、ヨガそのものが仏教ではないのです。

その意味で、ヨガを仏教の本質のように言ったり、あるいは、「真理というのは、言葉で表せないものである」という教えを「仏教の本質だ」と言うのなら、それは、「宗教としての仏教の〝抜《ぬ》け殻《がら》〟だ」ということです。

したがって、日蓮は、「禅を勧める人は、天魔の所業をやっている」と言うわけです。

4 「真言亡国《しんごんぼうこく》」の真意――密教《みっきょう》は釈尊《しゃくそん》の真説ではない

「密教《みっきょう》」の道場と化していた「比叡山《ひえいざん》」

さらに、日蓮は、「真言亡国《しんごんぼうこく》」、つまり、「真言というのは、けしからん。これは亡国の教えだ」と、これもまた、みんなの髪《かみ》の毛が逆立《さかだ》つようなことを言ったわけです。

当時、真言宗は、まだまだ流行《はや》っていました。

日蓮は、鎌倉《かまくら》で少し密教《みっきょう》の勉強もしたあと、比叡山《ひえいざん》に登りました。そして、比叡山の現状を見ると、天台《てんだい》の教えを持ってきたのは伝教大師《でんぎょうだいし》最澄《さいちょう》だったのですが、「最澄の教えは、もう、すっかり廃《すた》れている。顧《かえり》みられなくなって、みな、へヘッとせせら笑っている。『法華経《ほけきょう》』などを本気でやる人も、もういなくなっている」という状況《じょうきょう》で、比叡山は完全に密教にやられていることを知ったわけです。

ただし、これは当然でしょう。最澄自身が、密教においては、空海《くうかい》の弟子《でし》にもなったぐらいです。最澄は、入唐《にっとう》しても一年もおらず、短期留学で帰ってきました。経典《きょうてん》ばかりをたくさん集めて帰ってきたのです。

そのため、役には立ったのですが、本格的な修行《しゅぎょう》、密教修行などは向こうでやってきませんでした。田舎《いなか》の寺で、かたちだけ少し勉強し、日本に帰ってきて、「密教を持って帰った」と言って広げていたのですが、遅《おく》れて空海が、当時の唐の第一級のお寺である青竜寺《せいりゅうじ》で恵果和尚《けいかおしょう》にきちんと認められ、跡継《あとつ》ぎになって日本に帰ってきたわけです。

そのように、本格的な本家本元《ほんけほんもと》の密教の〝エース〟として空海が帰ってくると、最澄はもう色あせてしまい、それで弟子になってでも教えてもらおうとして、空海から灌頂《かんじょう》も受けたわけです。

その意味で、比叡山は密教が弱かったので、そのあと、円仁《えんにん》や円珍《えんちん》などの人たちが、自ら入唐して、密教を勉強して帰ってきました。

そのようなわけで、円仁・円珍あたりから、比叡山も密教の道場のようになっており、「台密《たいみつ》」といわれた天台密教の本拠《ほんきょ》になっていたのです。

当初、密教は、やはり空海の真言密教（東密《とうみつ》）のほうが強かったので、比叡山もそちらのほうに押《お》され、台密として、あとから本格的に密教を入れました。その後は、密教の道場のようになって、そちらのほうが流行りだったわけです。

また、実際の本場の中国でも、天台宗のほうは、もう廃れており、密教のほうが非常に流行ってきていました。

深い勉強の結果、「大日如来信仰《だいにちにょらいしんこう》」を批判した日蓮

密教のルーツそのものを探《さぐ》ると、これは本場のインドにおいてもそうだったのですが、仏教がかなり傾《かたむ》き、衰退《すいたい》してきていたときに、仏教の最後のかたちとして現れたのが「密教」なのです。

もうほとんど衰退していた仏教は、地元のヒンドゥー教のなかにかなりあった呪術《じゅじゅつ》的な部分を取り込《こ》んで、現世利益《げんせりやく》的に打ち出しました。そうしないと、もう、人気がなくなっていたのです。

そのように、密教というのは、呪術的なもの、霊能力《れいのうりょく》的で人々が喜ぶようなところを取り入れて出てきたわけであり、そうした教えが、最後の仏教の光として輝《かがや》いていたのです。

ただ、密教の教えでは、これも釈尊《しゃくそん》との関係が難しい、「大日如来《だいにちにょらい》」という仏を教主《きょうしゅ》とするわけですから、日蓮にしてみれば、「阿弥陀《あみだ》如来、阿弥陀仏は釈尊の叔父《おじ》」とか、「釈尊が、自分を除いて、阿弥陀信仰《しんこう》などを一所懸命《いっしょけんめい》、説いたはずがない」という考えに基《もと》づくと、こちらも同じであり、「大日如来も結構だけれども、釈尊を信仰する仏教の本道から見ると、そうした大日如来という、見たこともないような仏様を信仰するような教えは、本当に仏教なのか」ということなのです。

実際に、その批判は当たっており、その当時、仏教には、土着《どちゃく》の宗教がかなり入ってきていました。「お日様の信仰」というのは、もともと、どこの土俗《どぞく》宗教にも、みんなあるものですから、そうしたインドの民間信仰も、かなり仏教のなかに入ってきていたのは事実なのでしょう。

「そのような大日如来を信仰するのは、仏教として本当に正統なのか。密教というのは、正統の仏教から見ると、あとで変形して現れたものかもしれないけれども、釈迦《しゃか》の真説、直説《じきせつ》・金口《こんく》の教えではないはずだ。釈迦が、そうした教えを説いたはずがない」というのが、日蓮の勉強した結果の「発見」でした。それは、学問的に見て、今日《こんにち》的にも当たっており、そのとおりだったのです。

密教は、後にいろいろと工夫《くふう》され、ヒンドゥー教と戦いつつ融和《ゆうわ》した、仏教が消え去る前の最後の姿であったのは事実です。ただ、密教は、現世利益のほうに走っていたので、ブームになり、非常に流行っていました。

そのようなわけで、日蓮は、「そうした密教が繁栄《はんえい》しているけれども、密教の加持祈禱《かじきとう》などをやっていると国が滅《ほろ》びるぞ」と言っていたわけです。

「護摩焚《ごまた》きを中心とする密教《みっきょう》」は仏教として異端《いたん》だった

実際、密教《みっきょう》で、護摩壇《ごまだん》をつくり、火を焚《た》いて加持祈禱をやっているのを、みなさんはテレビなどで見たことがあるでしょう。しかし、そうした護摩壇を使った祈《いの》り自体、釈迦がやっていたものではないことは、もう明らかです。あれは、「ヴェーダ」のほうの教えなのです。

ヴェーダというのは、「バラモン教」の教典です。仏教が出る前に、インドには何千年も、「バラモン」という僧侶《そうりょ》階級が代々やっていたバラモン教という宗教があって、そのなかで、新しい宗教として仏教が出てきたわけです。

仏教は、教えを中心とした新しい宗教だったのですが、バラモン教というのは、儀式《ぎしき》を中心とした宗教だったのです。護摩焚きを「ホーマ」といいますが、そうした、護摩木を焚く「火の祭り」をやっていたわけです。

これは、実は、仏教以前のバラモン教の教えであり、それが、土着信仰に入ってきて、そのあと、ヒンドゥー教になって流れてきたものなのです。

「護摩焚きを中心とする密教」ということを考えると、「真言は仏教としては異端《いたん》だ」というのが日蓮の考えだったわけで、やはり理論的には、これは正しいことを言ってはいたのです。

5 「律国賊《りっこくぞく》」の真意──名誉心《めいよしん》にとらわれた偽善者《ぎぜんしゃ》だ

さらに、「律国賊《りっこくぞく》」です。日蓮が「国賊」とした律宗《りっしゅう》の僧侶《そうりょ》というのは、当時の鎌倉《かまくら》で、日蓮の法敵《ほうてき》になった忍性《にんしょう》です。そして、その先生は、叡尊《えいそん》という人ですが、叡尊・忍性というのは東大寺系で、奈良《なら》の東大寺の系譜《けいふ》を帯《お》びています。伝教大師最澄《でんぎょうだいしさいちょう》が戦った相手である旧仏教、奈良仏教のほうの系統を引いている人たちなのです。

「持戒堅固《じかいけんご》」「戒律を守る」という律宗ですが、日蓮的に見れば、「そのなかには、ずいぶん裏表《うらおもて》がある。『戒律を守っている清僧《せいそう》だ』と言っているけれども、裏では権力に取り入って、いろいろと目に見えないところで権力にすり寄る宗教になっており、欲得がやはりあるのではないか。そういう『持戒堅固《じかいけんご》、戒律を守っている清僧だ』というイメージを利用して、国家とかかわり、いろいろな土木事業などをやりまくっている」というわけです。

つまり、「鎌倉の切通《きりどお》しなどの関所銭《せきしょせん》をもらい、それを資金源にして、土木工事などをやったりしているが、そんなことは仏教の本業ではないだろう。橋を架《か》けたり、道路をつくったり、そのような土木工事をすることが、仏教、釈《しゃ》迦《か》の教えにあったのか。政府と結託《けったく》して、そうした税金を取り、『清僧だ』ということを表看板にして、金を集めて、政府の一翼《いちよく》を担《にな》って、やるようなことが、仏教の本質だったのか」というような、挑発《ちょうはつ》的な批判です。

日蓮は、そうしたことを言っており、「偽善者《ぎぜんしゃ》だ。名誉心《めいよしん》にとらわれて偽善行為《こうい》をやっている」という意見であったわけです。

6 『法華経《ほけきょう》』の優《すぐ》れた点①――みんなが仏になれる教え

『法華経《ほけきょう》』は「原点主義」だった日蓮が立ち返ったお経

以上のような「四箇格言《しかかくげん》」によって批判された人たちは、「怒髪《どはつ》、天を衝《つ》く」といいますが、みんな〝髪《かみ》が逆立《さかだ》って〟しまい、日蓮は「四面楚歌《しめんそか》」です。もう、「日蓮の周りは、みんな敵」という状況《じょうきょう》だったのです。

私は、これを「日蓮の性格的なものだ」と思っていたのですが、実は、学問的に見て、本人がいろいろと勉強した結果、「これは駄目《だめ》」という感じで外してきて、「何が残るか」という消去法《しょうきょほう》で、最後に残ったのが『法華経《ほけきょう》』だったわけです。

「やはり、『法華経』がいちばんよい。もともとの比叡山《ひえいざん》の始まりは『法華経』だし、それは天台《てんだい》に遡《さかのぼ》る。天台大師《たいし》の教えは、『法華経』こそが『最勝・最尊』の教えだ」ということで、日蓮は『法華経』に戻《もど》ってくるわけです。

その意味で、日蓮というのは、改革者でもありますが、彼を「単なる革命家」としてのみ捉《とら》えるのは十分ではなく、意外に、「王政復古」というか、「比叡山の原点に戻れ。天台山に戻れ。さらに、釈迦《しゃか》の原点に戻れ」という原点主義なのです。つまり、「原点に戻っていくと、どうか」ということを考えていた人ではあったのです。

そのように、日蓮は、いろいろなものを比較《ひかく》考量した結果、やはり、「いちばん真理を含《ふく》んでいるのは『法華経』ではないか。それについては、もうすでに、天台大師などが頑張《がんば》って論証したとおりである。これが釈迦の教えにいちばん近いであろう」ということを考えたわけです。

多くの〝『法華経』読み〟から見ると、「『法華経』というのは、たとえ話や修飾《しゅうしょく》が多く、ゴテゴテとデコレーションが多くて、何が言いたいのか、本当によく分からないお経で、『法華経』こそが尊い、尊いと言うのだけれども、『法華経』とは何かが何も説明されておらず、そうした修飾ばかりがある」というような意見が多いのですが、そのなかで、日蓮が見抜《みぬ》いたものが、幾《いく》つかあったわけなのです。

天台智顗《てんだいちぎ》の説く「一念三千《いちねんさんぜん》」を通して、『法華経』こそ「万人《ばんにん》を悟《さと》りに導く教え」と考えた日蓮

そのように、『法華経』には、「飾りが多く、『尊い、尊い』と言うだけでは悟《さと》れないではないか」という意見がありますが、日蓮は「悟れる」と考えました。

そして、その『法華経』の悟りを、日蓮はどこに求めたかというと、天台智顗《てんだいちぎ》の教えに求めたのです。つまり、当時、「すでに、天台智顗の教えは忘れられていた」ということなのでしょう。

では、天台智顗の教えとは何かと言うと、『法華経』のなかから、いわゆる「一念三千《いちねんさんぜん》」の教えを取り出したわけです。

この教えについては、『太陽の法』（幸福の科学出版刊）等にも書いてありますし、ほかの機会でも話しましたが、「十界《じっかい》」「百界千如《ひゃっかいせんにょ》」「三千種世間《せけん》」というように、結局、「心のあり方によって、天国も地獄《じごく》も現れる」という教えです。

「天国も地獄も心のあり方で現れる」というのは、「『仏だ』『人間だ』『動物だ』『地獄の悪魔《あくま》だ』と言うけれども、別種のものとして創られたものではない。それは、心の現れ方なのだ。すべての霊的《れいてき》存在には、そうした『十種類の心の現れ方』があるのだ。その何が強く前面に出ているかによって、それぞれの位置が違《ちが》うのであって、もともと、違ったものではないのだ」ということです。

したがって、「同じ心なのだけれども、その心の現れ方が、動物のようであれば畜生《ちくしょう》になって生まれてくるし、他人に対する憎《にく》しみや攻撃《こうげき》ばかりになれば悪魔も現れる。『慈悲《じひ》の心で人を助けたい』という気持ちが強くなれば菩薩《ぼさつ》になるし、さらに悟りが高まれば如来《にょらい》にもなる。そうした心のあり方の法則を、天台智顗が『一念三千』という言葉で説いた」というわけです。

これは、釈迦が教えた「縁起《えんぎ》の理法《りほう》」です。天台智顗は、「原因あれば結果あり」という「縁起の理法」を、天台流に「一念三千」という言葉で表し、「人の心は、三千世界につながる。三千種類の現れ方があるぐらいだ」というように説いたのです。

したがって、日蓮は、「その心の法則をマスターして悟りに至ることは、万《ばん》人《にん》にとって可能である」という考えを取ったわけです。

その意味で、日蓮は、天台智顗の本来的な考え方を、ある程度、よく分かっていたのでしょう。そこで、『法華経』から、そこをつかみ出しました。そして、「『法華経』の精神によって、天台の一念三千流の考え方を体得できれば、みんなが仏になれる。これは、そうした思想である」という考えを出したわけです。

「民主主義運動」に近い考え方を持っている『法華経《ほけきょう》』

さらに、『法華経《ほけきょう》』の特徴《とくちょう》を言うと、「一乗思想《いちじょうしそう》」、つまり、「みんなが仏になれる」という面が非常に強い教えです。

その意味で、『法華経』の考え方を現代的に見ると、民主主義の運動によく似たものを持っています。なぜなら、「みんなが仏になれる」という考えは、

「みんなが一票を持てる」という考えのようなものでしょう。言い換《か》えれば、「王様に独裁されるのではなく、指導者はみんなの一票で選べる」というような感じでしょうか。

「みんなの一票で指導者を選べる」ということは、「指導者の資質を、国民一人ひとりが、みんな理解でき、判別できる」という前提でなければ無理です。判別できない人には、一票をあげられません。したがって、そのようなときには、「制限選挙」という制度で、「お金持ちだけが選挙に参加できる」とか、「身分のある者だけが選挙に参加できる」とか、「男性だけが選挙に参加できる」とか、そうしたかたちをとっていたわけです。

しかし、それに対して、「みんなが一票を持てる」と言うのと似たようなところが、『法華経』にはあるのです。

結局、『法華経』というのは、「みんなが、仏になる可能性を持った状態で本当は生まれている。心の操縦法をマスターできていないだけで、もともとは一《いっ》緒《しょ》なのだ」という考えに基《もと》づいているわけです。その意味で、『法華経』の考え方が政治運動に転化すると、そこには、時代をかなり先取りしたものがあったのです。

『法華経』では、このようなことがよく説かれているので、日本人には非常に人気が高いのです。

7　『法華経《ほけきょう》』の優《すぐ》れた点②
――この世そのものを変えていく

「あの世に救いを求める念仏宗《ねんぶつしゅう》」の〝嘘《うそ》〟とは

さらに、『法華経《ほけきょう》』の人気を探《さぐ》ると、そこには、「常在霊山《じょうざいりょうぜん》」などの思想が関係しています。

法然《ほうねん》や親鸞《しんらん》たちが、念仏《ねんぶつ》による浄土《じょうど》のことを、「極楽浄土《ごくらくじょうど》」と言っていますけれども、日蓮は、極楽浄土に対抗《たいこう》して、「霊鷲山《りょうじゅせん》の浄土」とか「霊山浄土《りょうぜんじょうど》」とかいうことを言うのです。

『法華経』に基《もと》づく生き方をし、あの世に還《かえ》り、天国に入った場合のことを、

「霊山浄土に入《はい》る」と言うわけですが、この「霊山浄土」というところがポイントになります。

日蓮が、特に念仏宗を非難・排撃《はいげき》した理由の一つは、「あの世に救いを求めている」ということにあるのです。

要するに、それは、「『南無阿弥陀仏《なむあみだぶつ》』と称《とな》えれば、あの世では極楽浄土へ行けるぞ。この世がどうであろうとも、あの世で極楽往生《おうじょう》できる。あの世で成仏《じょうぶつ》できると保証してくれているのだから、それでよいではないか」という思想になります。

ただ、日蓮的に見ると、「ここには嘘《うそ》がある」ということです。「あの世もあるだろうし、極楽浄土もあるかもしれないけれども、『縁起《えんぎ》の理法《りほう》』から言うと、『原因あって、結果あり』である。例えば、この世自体が目茶目茶《めちゃめちゃ》であり、その生き方も目茶目茶な場合はどうか。そういう、この世の地獄《じごく》で苦しんだ人たちが、死んだら、みんな極楽浄土へ行けるのか。それは甘《あま》いのではないか」という考えです。

日蓮が念仏宗を排撃した理由の一つはここにあり、「一回でも、『南無阿弥陀仏』という念仏を称えたら極楽往生できるという考えのなかには、嘘やごまかしがある」と批判しました。

日蓮が目指したのは「悟《さと》りに基《もと》づく仏国土《ぶっこくど》ユートピア」

これは、ある程度、当たっていると思うのです。現代でも、念仏宗の信者は多いでしょうけれども、「本当に極楽浄土に行けているかどうか」というと、かなり疑問はあります。

日蓮は、ここのところを批判したわけです。「念仏は、この世からの遁世《とんせい》にしかすぎない。この世から逃《に》げているにしかすぎない」と批判し、これに、『法華経』で対抗しました。

要するに、『法華経』には、「この世を捨てず、この世そのものをも変えていきたい」という気持ちが入っているのです。

先ほど、「『法華経』は日本人に人気がある」と述べましたが、『法華経』には、いわゆる、「仏国土《ぶっこくど》ユートピアの思想」が入っています。「この世自体を霊山浄土に変えなければいけない」という思想が入っているのです。

また、天台智顗《てんだいちぎ》による「一念三千《いちねんさんぜん》」の考え方は、「心の持ちようで天使にも悪魔《あくま》にもなれる」というものであるわけですから、これは、今、私が説いていることとも同じであり、あの世に行ってから分かれるわけではなく、この世においてて、すでに分かれています。

「心のあり方において、一念三千のあり方において分かれているのであるならば、仏国土は、この世においても現れる。個人においても悟《さと》りを得られるように、この世においても、そういうユートピア思想の実現、つまり、仏国土を開くことは可能である」という考えです。

日蓮は、「この世での戦いを捨てて、来世《らいせ》の成仏ばかり願う念仏宗は、その意味において使命を果たしていないし、偽《いつわ》りがある。ごまかしがある。この世が修羅《しゅら》の巷《ちまた》であり、その地獄の真ん中にいて、なぜ、あの世へ行ったら、みな極楽に往生できるのか」「この世自体を変えなければいけないのだ」と考えました。そして、この世における各人の「悟りの向上」と、悟りに基《もと》づく「この世の霊山浄土化《りょうぜんじょうど》」ということを考えました。そのため、この世において非常に積極的な行動を取ったのです。

為政者《いせいしゃ》の「隠れ蓑《かくれみの》」に使われる恐《おそ》れがある念仏宗《ねんぶつしゅう》の思想

「『法華経』に基づけば、この世においても、その修行《しゅぎょう》によって悟りを開くことができるし、仏国土をつくることもできるし、来世は『霊山浄土』、すなわち『霊鷲山《りょうじゅせん》の浄土』に還ることもできる。この教えは、この世もあの世も貫《つらぬ》いた、完璧《かんぺき》な思想であるのに、念仏宗《ねんぶつしゅう》は、あの世の幸福しか説かないではないか」と、日蓮は考えていました。

また、念仏宗が弘《ひろ》まれば、時の為政者《いせいしゃ》が、悪いことをしたり、源平《げんぺい》の戦いのように戦いまくったりして、この世で不幸が起きようと、死人が出ようと、餓《が》死者《ししゃ》が出ようと、彼らには関係ないということです。

要するに、「あの世で成仏すればよいのですから」ということになってしまうため、為政者に対して、「この世に責任を持て」と言えなくなってしまいます。ですから、為政者が、「極楽浄土へ行ける」という念仏の教えを弘《ひろ》めれば、この世のことを、まったく解決しないで済ませられるわけです。

例えば、現代で言えば、「デフレが進み、企業《きぎょう》の倒産《とうさん》が続いている」ということに対して、為政者が、「念仏を称えなさい。来世には、幸福な未来があります。苦しいのは、あと数年、数十年ですよ。今はご飯が食べられないかもしれないけれども、死んだら、阿弥陀様が救ってくれますからね」と勧《すす》めたら、どうなるでしょうか。

日蓮は、為政者に対して、「自分たちの責任を放棄《ほうき》して、何もする気がないだろう」と追及《ついきゅう》したわけです。彼が政治に対して、「このままでは駄目《だめ》だ」と、一所懸命《いっしょけんめい》、諫言《かんげん》し、アプローチした理由は、そこにあります。

鎌倉《かまくら》にも、念仏宗がかなり入っていましたので、「念仏では救われん。あなたがたは、念仏で騙《だま》しているのだ。これを広げることによって、この世のまずいところを、全部ごまかそうとしているのだろう」と批判しました。

日蓮は、こういうことに対する激しい怒《いか》りを感じていたということです。

「『法華経《ほけきょう》』は釈尊《しゃくそん》の直説《じきせつ》・金口《こんく》である」と信じていた日蓮

また、当時、「『法華経《ほけきょう》』は釈尊《しゃくそん》の晩年の教えである。釈尊が、晩年の八年間ぐらいで説いた教えである」と信じられていましたし、日蓮もそう信じていました。

もちろん、『法華経』に、釈尊の晩年の教えが反映されていることは事実ではありますが、弱点としては、他の経文《きょうもん》同様、「後世の弟子《でし》によって、釈迦没《しゃかぼつ》後《ご》、何百年かで、いろいろな伝承《でんしょう》を含《ふく》めて書かれたものであった」ということです。ただ、これについて、日蓮は知らなかったであろうから、知ったときはショックでしょう。

そういう意味で、『法華経』も、ほかのお経と同じであったところもあるのですが、これを日蓮は、「釈尊の直説《じきせつ》・金口《こんく》だ」と信じていました。

そのため、「釈尊が直接説いたお経があるのに、それ以外のものにすがったり、『禅《ぜん》のようなものをやっていたら悟れる』などと言ったりするのは間違《まちが》いだ。やはり、釈尊が直接説かれたお経に基づいて、修行し、行動すべきだ」という考えであったわけです。

8　『法華経《ほけきょう》』の優《すぐ》れた点③
――「久遠実成《くおんじつじょう》の仏陀《ぶつだ》」の登場

「転生輪廻《てんしょうりんね》の思想」と「未来成仏《じょうぶつ》（授記《じゅき》）」が強く出ている『法華経《ほけきょう》』

さらに、『法華経《ほけきょう》』のなかには、重要な思想がたくさんあります。いろいろな修飾《しゅうしょく》が多いので、重要な思想が読み抜《ぬ》けないのですが、このお経は、ある意味で、非常に霊的《れいてき》なお経です。

『法華経』を読むと、「転生輪廻《てんしょうりんね》の思想」が、繰《く》り返し繰り返し、よく出てきています。つまり、過去世《かこぜ》の話です。「昔、何々をしていたときに、こうだった。そのとき、○○如来《にょらい》がいて、そのときに修行《しゅぎょう》をしたのが誰々《だれだれ》で……」というような、「過去世物語」をずいぶん説いています。

『法華経』のなかには、それはもう、いろいろな人が出てくるので、確定した、歴史的実在ではないことは明らかです。ただ、そういう話は何度も出ていますので、少なくとも、釈尊《しゃくそん》が在世《ざいせ》中に過去世の話をしていたのは間違《まちが》いありません。

当会が、転生輪廻についてたくさんのことを述べているのと同じで、釈尊が、過去世について、「あのときに、こうだった」「そのときの如来は、こうだった」「そのときの弟子《でし》は、誰々だった」というような話を、実際に述べていたのは間違いないことです。

『法華経』には、このような話が、繰り返し入ってきており、釈尊は、過去世における仏たちや如来たち、仏弟子《ぶつでし》たちの仕事についての話、あるいは、

「彼らが転生して、こうなってきた」というような話をずいぶんしています。

さらに、『法華経』のなかでは、「授記《じゅき》」といって、釈尊が、「未来成仏《じょうぶつ》」の約束もするのです。

例えば、「あなたがたは今、修行して菩薩《ぼさつ》をしているが、来世《らいせ》、これくらい先になったら、如来になるだろう」と言って、有力な弟子たちに次々と、「おまえたちも仏になれる」ということを約束しています。このように、未来についても言及《げんきゅう》しているのです。

過去について説き、現在の修行について説き、未来についても、「来世、来々世先に、あなたがたも成仏する」という話をしています。この未来世《みらいせ》の成仏については、かなり多くの人に、「おまえも仏になれるよ」ということを約束しているのです。

このように、『法華経』では、当会の基本書の『黄金の法』(幸福の科学出版刊)にある「過去・現在・未来の流れ」のように、「過去世の教え」と「未来世の教え」、「転生輪廻の思想」が非常に強く出てきています。

「地涌《じゆ》の菩薩《ぼさつ》のリーダーの生まれ変わり」と確信していた日蓮

さらに、『法華経』では、現世《げんせ》での生き方を説きつつも、映画「太陽の法」(製作総指揮・大川隆法。二〇〇〇年公開)の最後のほうのシーンでも描かれていたように、地割れした地面から「地涌《じゆ》の菩薩《ぼさつ》」が、たくさん出てきます。大勢の菩薩が出てきて、いろいろと証言するわけですけれども、これも非常に霊的です。

この世の人間の前に、そういう菩薩たちが現れてくるのですが、「実は、この過去世からの菩薩たちは、『法華経』の下《もと》にいるのだ」ということを教えています。

ここにも、「高級霊たち、指導霊《しどうれい》たち、菩薩や如来《にょらい》たちがたくさんいて、見守ってくれているのだ」という、『黄金の法』的な考え方が出ているわけです。現世に修行している菩薩たちではなく、霊体《れいたい》としての菩薩がたくさん出てくるわけですが、そういうことを教えています。

そのなかには、有名な観世音《かんぜおん》菩薩信仰《しんこう》など、いろいろな菩薩信仰もたくさん入ってきているのです。

また、地涌の菩薩、つまり、地割れして、地面から出てきた菩薩のなかの代表格のリーダーは、上行《じょうぎょう》菩薩といいます。この人は、「『法華経』を伝える」ということに強い使命を持ったリーダーであったのです。

そして、日蓮は、「自分は上行菩薩《じょうぎょう》の生まれ変わりだ」という強い確信を持っていました。

要するに、彼は、「『法華経』に関して、自分以上に使命を与《あた》えられている人間はいない。だから、釈尊に対して、『法華経』を強く弘《ひろ》めると誓《ちか》った上行菩薩こそ、自分なのだ。地涌の菩薩の代表の上行菩薩が私なのだ。それが、末法《まっぽう》の世に日蓮として生まれ変わって、東の国で、『法華経』を弘めようとしているのだ」という、強い霊的な使命感を持っていたのです。

また、『法華経』のなかには、「仏教の晩年期である『後《ご》の五百歳《さい》』が始まるころに、また『法華経』を流布《るふ》する人が出てくる」（薬王菩薩本事品《やくおうぼさつほんじほん》）というようなことが書いてあるのですが、日蓮は、「それが自分である」という強い使命感を持っていました。

このような背景があるわけです。

いずれにしても、『法華経』のなかには、天台智顗《てんだいちぎ》の考えを入れれば、「悟《さと》りに至る方法」もあるし、「この世を仏国土《ぶっこくど》ユートピアにする考え方」も入っています。さらに、「転生輪廻の考え」もかなり入っているし、「菩薩や如来という霊的存在があるということ」も、非常に強く打ち出しているのです。『法華経』は、そういう霊的な教えであるのだ、ということです。

「人間・釈迦《しゃか》」から「久遠実成《くおんじつじょう》の仏陀《ぶっだ》」宣言《せんげん》への移行

さらに、『法華経《ほけきょう》』において重要なことがあります。

それまでの仏教において、釈尊《しゃくそん》は、「人間・釈迦《しゃか》」、つまり、人間的な釈尊というのが非常に強く出ていたのですが、後世、「それでは困る」ということで、釈尊以外の、「阿弥陀《あみだ》如来」や「大日《だいにち》如来」など、いろいろな仏様をたくさん出してきています。

実は、これは、「『釈尊は人間だった』ということでは困るし、〝人間ではないもの〟を信仰しないと、宗教としては完璧《かんぺき》にならないので、そういう仏を〝借り出し〟てきた」ということです。

そのように、〝借り物の仏様〟をたくさん〝呼んで〟きていたのでしょうけれども、『法華経』では、釈尊が最後のほうの場面で、「実は、自分は久遠実成《くおんじつじょう》の仏陀《ぶつだ》だったのだ」ということを、高らかに宣言します。

「私は、人間として、わずか八十年、肉体を持って生き、死ぬ人間ではない。

実は、久遠の昔から悟っている存在なのだ」ということを語るのです。『法華経』のこの部分を読むかぎりでは、「釈尊は、最後に、もう一段の悟りを得たのではないか」というように見えます。

「人間としてのゴータマ・シッダールタではない。私はもともと、久遠の昔から悟りを開いている存在なのだ」ということは、当会でいうところの一種の「エル・カンターレ意識の発見」のようなものでしょう。エル・カンターレ的な使命を持っている存在なのだということです。

「釈尊《しゃくそん》」と「地涌《じゆ》の菩薩《ぼさつ》」との関係が理解できなかった弟子《でし》たち

『法華経』では、目の前に、ドッと霊的な菩薩《ぼさつ》がたくさん出てきて、釈尊《しゃくそん》が、

「これらは、みな私の弟子《でし》だったのだ」ということを語ります。

そのため、生きているほうの弟子たちのなかには、「先生、そのようなことは初めて聞きました。それは間違いではないのですか。私たちは、先生の弟子だけれども、先生は、今から七十数年前ぐらいに生まれて、現在に生きている人でしょう? この菩薩たちは、どう考えても、何百年、千年、あるいは、それ以上前の人たちではないですか。昔の人です。死んでいて霊なのですから、彼らが弟子のはずがありません。原因・結果の法則や順序から見て、『年上のほうが弟子で、後輩《こうはい》であとから生まれた者が先生』などということはありえないでしょう」という疑いを持った人がたくさんいました。

また、それ以前にも、座を立って去った人がいました。

釈尊は、彼らに対して、「そうではない。私は、無限の昔から悟っていて、何度も地上に生まれては、仏として説法《せっぽう》し、法を説いた。その縁生《えんしょう》の過程で、いろいろな弟子たちができて、それらが菩薩になったのだ。今回、あなたがたは、私の弟子として、肉体を持って修行しているけれども、私の過去世の縁生の弟子のなかには、まだ、今回、肉体を持っておらず、天上界《てんじょうかい》にいながら使命を果たしている人もたくさんいるのだ。あるいは、そのなかには、いわゆる、あなたがたの『魂《たましい》のきょうだい（別の個性を持った自分の魂の一部）』的な者もいる。彼らは、私たちの先輩のように見えるかもしれないが、実は、私の昔からの弟子なのだ」というようなことを言うのです。

最初、弟子たちは受け入れられず、たいへん驚《おどろ》くのですが、これについては、当会の『太陽の法』や『黄金の法』（前掲《ぜんけい》）を読めば、「転生輪廻の過程で、そういうことがありえる」ということが分かります。

『法華経《ほけきょう》』によって釈尊《しゃくそん》誕生以前にまで伸《の》びた「救いの手」

今で言うと、例えば、私が、「日蓮は、今から七百年から八百年も前の人だけども、私の弟子なのだ」と言ったら、今、生きている人々はどう思うでしょうか。

今は、幸福の科学の信者に向けて話をしていますが、もし、日蓮宗の道場で、「みなさんは日蓮を信じているでしょう? 私は大川隆法といって、一九五六年に生まれていますが、日蓮は私の弟子なんです。昔、日蓮を教えたことがあるのです」と言ったら、「ああ、イカれている。これは、すぐに病院に連れていかなければ駄目《だめ》だ。車で運べ」ということになるでしょう。

このように、信仰している人であっても、そういった時系列のことは理解できません。現在の人も、だいたいそうだと思います。話としては知っていても、本当に過去世からそんなことがあるのかどうかについては、ボーッとした感じなのではないでしょうか。

こういうことを大胆《だいたん》に説いているのが『法華経《ほけきょう》』なのです。『法華経』には、漢字で表される仏がたくさん出てくるので、少し混乱しますが、そういうのを無視して考えれば、あるいは、『黄金の法』などに出ているような、ほかの偉人《いじん》たちの名前だと思えば、言っていることもよく分かるでしょう。

そういう意味では、転生輪廻についても、過去世の活動についても言っていますし、「実は、私は、最初から悟っていて、菩薩たちを数多く指導してきた存在だ」ということを釈尊《しゃくそん》が語っていることになっていますから、これによって、二千五百年前の釈尊誕生より以前の世界にまで「救いの手」が伸《の》びたわけです。

キリスト教の場合は、二千年前のイエス誕生以前に対しては、なかなか救いの手が伸びません。それ以前には伸びないものですから、みな困っています。救いがあるのは、「イエス誕生以降」なのです。

このように、キリスト教だと、イエス誕生以前の人には救いの手が伸びないところを、釈尊は『法華経』において、「久遠実成の仏陀、永遠の昔から悟った仏陀であり、長い長い歴史の間で人々を指導してきた。過去世の人たちもみな救い、指導してきた。この地上において、地球において、責任を持つ人間であり、仏であるのだ」ということを宣言したことで、ずっと大昔まで「救い」

が伸びたわけです。

『法華経』は、だいたい、そのようなことが言いたかったと見てよいわけです。

そういう意味で、『法華経』というものを、今、幸福の科学で勉強している内容を入れて解釈し直しますと、確かに、日蓮が〝ほれ込《こ》んだ〟だけのことはあって、重要な真理を数多く含《ふく》んでいます。

したがって、「これを本当の意味で深く理解したら、仏陀の教えにも通じるし、仏教の本質に通じる」と彼が確信したのには理由がありますし、確かに、歴史上、日蓮以上に『法華経』の流布のために頑張《がんば》った人は、天台智顗とか、そういう人を除けば数少ないのです。だからこそ、強い使命感に裏打ちされていたのでしょう。

9　『立正安国論《りっしょうあんこくろん》』を著《あらわ》し、法難《ほうなん》が続く

執権《しっけん》・北条時頼《ほうじょうときより》に『立正安国論《りっしょうあんこくろん》』を提出する

そういう気持ちで、日蓮は三十二歳《さい》のときにふるさとに帰り、高らかに『法華経《ほけきょう》』至上主義を唱えました。

このなかに他宗排撃《はいげき》的なものが入っていたために、自分の寺で説教するや否《いな》や、命を狙《ねら》われるような状況《じょうきょう》になります。外護《げご》し、お寺を護《まも》っていた地頭《じとう》の東《とう》条景信《じょうかげのぶ》という人が、まず、日蓮を殺しに来たため、兄弟子《あにでし》二人に導かれて、裏山から逃《に》げ帰っています。

その後、鎌倉《かまくら》に行って布教《ふきょう》に入るわけですが、この時代は、地震《じしん》や飢饉《ききん》など、ひどい天変地異がたくさん来ているときでした。

そこで、日蓮は、「これだけの天変地異が来るには、やはり原因があるだろう」と考えます。そして、「その原因とは、正しい教えが広がっていないことだ。邪宗《じゃしゅう》が広がっているから、こんなことになるのだ。この邪宗のいちばんのもとは何かと言うと、それは念仏宗《ねんぶつしゅう》である」と考え、幕府に対して、『立正安国論《りっしょうあんこくろん》』を提出するわけです。

当時の実力者だった執権《しっけん》・北条時頼《ほうじょうときより》に宛《あ》てて出しているのですが、これは、旅の客と主人による問答《もんどう》という物語形式で書かれていて、「旅の客」を時頼、「主人」を日蓮に見立てています。「どうして世の中には、こんなにたくさんの死体が転がって、動物の死骸《しがい》まで転がっているのか。飢饉があったり、地震が来たりと、こんなにひどいのだろうか」というようなことを旅人が訊《き》くと、それに対して、主人がいちいち答えていくという問答形式で、『立正安国論』を説いているわけです。

こうしたものを三十九歳のときに書き、提出しています。

時頼は、これを聞き入れはしませんでしたが、効果は抜群《ばつぐん》でした。日をおかずして、念仏宗が日蓮を襲《おそ》いに来ましたから、内容については伝わったわけです。

焼き討《う》ちに遭《あ》った「松葉ケ谷《まつばがやつ》の法難《ほうなん》」

そのように、すぐに「襲いに来た」ということで、最初の「法難《ほうなん》」が起きます。これが「松葉ヶ谷《まつばがやつ》の法難」です。

日蓮は、鎌倉の松葉ヶ谷に草庵《そうあん》を結んでいたのですが、ここを、深夜、念仏宗を信じる武士たちが襲い、焼き討《う》ちします。火をかけられているのですから、これは、死んでいてもおかしくはないほどの出来事です。

鎌倉の地勢上から見て、実際に襲ってきたのは数十人と思われます。日蓮的に言えば、数百人から数千人という大人数《おおにんずう》になるのでしょうが、実際には、そんなに動くわけがありませんので、数十人でしょう。

ただ、この人たちに囲まれて、火をかけられたら、まず、普通《ふつう》は〝袋《ふくろ》のねずみ〟です。必ず死ぬはずなのですが、ここで日蓮は、奇跡《きせき》的に逃《のが》れているのです。

迫害《はくがい》を受けることを「上行菩薩《じょうぎょうぼさつ》の証明」と喜んだ日蓮

　こうしたことは、いかにも『法華経』の行者《ぎょうじゃ》らしいところです。

　おそらく、『法華経』を唱えた人たち自身が、いろいろと迫害《はくがい》を受けたのだと思われますが、『法華経』には、迫害に対して、ずいぶんいろいろと書いてあります。

　「『法華経』を信じる人は救われる」ということで、特に、『法華経』のなかに章として入っている「観音経《かんのんぎょう》」には、「刀杖難《とうじょうなん》、つまり、刀で襲われたり、あるいは、手錠《てじょう》で縛《しば》られたりと、あらゆる迫害に遭《あ》っても、『観音経』を唱えたら救われる」「『刀尋段段壊《とうじんだんだんね》』、つまり、自分を斬《き》ろうとした刀はバラバラになる」など、そういったたくさんの功徳《くどく》が書いてあるのです。

ですから、ここでも少し、日蓮は確信したところがありました。「『法華経』を強く信仰《しんこう》したら迫害を受ける」と書いてあるので、まさしくその迫害を受けた場合、普通は嫌《いや》がるのですが、この人は喜んだのです。おかしなことですが、命からがらの状況《じょうきょう》になると、「これこそ『法華経』の行者、上行菩薩《じょうぎょうぼさつ》の生まれ変わりであることの証明だ」と思い、大喜びしたところがあるので、まことに不思議です。

敵のほうも、何か舞台《ぶたい》俳優をやらされているようなところがあって、襲われている日蓮自身が、「私は、これで、ますます確信した」と喜んでいるような状態だったので、〝ドラマ設定に使われた〟ようなところがありました。

そういうことで、『立正安国論』を出してほどないころに、松葉ケ谷で焼き討ちを受けて、命からがら逃げているのです。

幕府に「伊豆流罪《いずるざい》」にされるも再び助かる

その後、千葉のほうに逃れるのですが、しばらくしたら、また鎌倉に舞《ま》い戻《もど》ってきて活動していたため、捕《つか》まってしまいます。捕まったときの理由が、「『貞永式目《じょうえいしきもく》』のなかの『悪口《わるくち》の科《とが》』に当たる」というものでした。つまり、「悪口《わるぐち》の罪」です。

当時の法律である「貞永式目」に「悪口を言った者は処罰《しょばつ》する」という項目《こうもく》があり、なんと、これで引っ掛《か》かっているのです。確かに、他宗の悪口を言っていましたから、これによって捕まり、伊豆・伊東に流されてしまいます。

このときに、「俎岩《まないたいわ》」という、満潮《まんちょう》になったら沈《しず》むような岩の上に置き去りにされるのですが、舟守《ふなもり》が来てくれて助かるわけです。

こうしたことが、最初の法難になります。

10 「竜《たつ》ノ口《くち》の法難《ほうなん》」での不思議な現象

傷を負いながらも奇跡《きせき》的に助かった「小松原《こまつばら》の法難《ほうなん》」

「伊豆流罪《いずるざい》」を赦免《しゃめん》されたあと、日蓮は、自分のふるさとである安房《あわ》、現在の千葉県小湊《こみなと》のほうに里帰りしていますが、そこでも、また狙《ねら》われます。

これを「小松原《こまつばら》の法難《ほうなん》」といいます。

これは、日蓮が最初に説法《せっぽう》したときに激怒《げきど》した、地頭《じとう》・東条景信《とうじょうかげのぶ》の待ち伏《ぶ》せによるものでした。この待ち伏せには、かなりの人数がいたようですから、軍事的に見れば、普通《ふつう》、生き延びることは不可能です。武士百人から囲まれて生き延びることは不可能ですから、鏡忍房《きょうにんぼう》という弟子《でし》など、何人かは死んでしまいました。

今、そこには、鏡忍寺というお寺が建っていて、私も見に行ったことがありますが、少し〝怖《こわ》い〟感じがありました。こうしたところで襲《おそ》われたわけです。このとき、日蓮も、やはり、剣《けん》によって眉間《みけん》のところを斬《き》られて血が出ています。東条景信が馬に乗りながら斬りつけてきたところを、数珠《じゅず》でパシッと受け止めて、数珠がパラーッと飛ぶようなことも起きていますし、片腕《かたうで》も折られています。

このように、腕を折られたり、眉間も傷つけられたり、あるいは、弟子の何人かは死んだり、重傷になったりもしているのですが、ここでも、日蓮は奇跡《きせき》的に生き延びるのです。

これに関しても、少し不思議な感じがするのですが、このときに東条は落馬して重傷を負い、その後、死んでいます。ですから、日蓮は、これもまた『法華経《ほけきょう》』のおかげ」と思ったのでしょう。

このように、命を奪《うば》われかけるのですが、また生き延びるわけです。

為政者《いせいしゃ》側にとって不都合《ふつごう》な存在である「他宗排撃《はいげき》の強い宗教」

しかし、日蓮は、これでも懲《こ》りずに、まだまだ意見を変えません。「宗教が悪いから、こういう天変地異が起きるのであって、為政《いせい》が悪い。念仏《ねんぶつ》を弾圧《だんあつ》せよ。もう念仏は排《はい》して、お寺も焼いてしまえ」などと、何度も何度も、平気で言うのです。

さらには、「真言《しんごん》も駄目《だめ》だ。真言で祈禱《きとう》するのはやめろ。こんなことをするから駄目になるんだ」と言うものですから、また、迫害《はくがい》が及《およ》ぶわけです。

ただ、これに関しては、政治的にはそうなるところがあります。

為政者側にとっては、「その宗教が正しいかどうか」などということは関係なく、他宗排撃《はいげき》をあまり強くする宗教があると、政局が不安定になるから困るわけです。「どれか一つだけを選んで、あとは捨てる」というようなことをすると、国のなかが乱れますので、政治家というのは、どうしても、そうするわけにはいかず、宥和《ゆうわ》的にするのです。

どれも「まあまあ」にしないと政権は安定しません。いろいろな支持層があるわけですから、各宗派に「まあまあ」と宥和的にしてもらわないと困るので、「ほかは駄目だ、駄目だ」という意見があまりにも強いと、これを弾圧せざるをえなくなるわけです。

平頼綱《たいらのよりつな》の陰謀《いんぼう》によって起こる「竜《たつ》ノ口《くち》の法難《ほうなん》」

このころに、平頼綱《たいらのよりつな》という、今で言えば法務大臣と防衛庁長官を兼《か》ねたような人が、日蓮の敵役《かたきやく》として現れてきます。

この人は念仏信者だったので、日蓮に対して、いろいろと尋問《じんもん》し、「悪口《わるぐち》の科《とが》」で日蓮を捕《つか》まえてしまいます。しかし、それだけでは僧侶《そうりょ》を殺すことはできません。もっともっと重い罪を犯《おか》していないと、僧侶は殺せないことになっているのですが、平頼綱は「日蓮を斬《き》ってやろう」と狙っていました。

そこで、「佐渡流罪《さどるざい》」ということにしつつも、実は、「ひそかに、鎌倉《かまくら》の西の外れにある竜ノ口《たつのくち》という刑場《けいじょう》に夜中に連れ出し、この辺りで、こいつの首を斬ってやれ」と画策《かくさく》するのです。

蒙古《もうこ》の使者が来たときなども、この竜ノ口で首を斬っていますから、ここは、首斬りの処刑場ではありました。そうした場所に夜中に連れ出して、首を斬ってやろうと陰謀《いんぼう》をし、殺すときを狙っていたのです。

本当は流罪などにする気はなく、殺す気でいて、警備の役人たちには「流罪」ということにしておきながら、実際は竜ノ口に来るわけです。

八幡宮《はちまんぐう》にて〝パフォーマンス〟を行《おこな》った日蓮

しかし、日蓮はこれについても、ある程度予想をしていて、下ってくる途中《とちゅう》、鎌倉の八幡宮《はちまんぐう》の前で、「ちょっと止《と》めてくれ」と言って馬を下ります。これは、〝パフォーマンスの天才〟といえば天才なのですが、鎌倉の八幡宮の前で、みなに聞こえるように大声で八幡大菩薩《だいぼさつ》を叱《しか》りつけるわけです。

「こら八幡よ。おまえは何じゃ。『法華経』の行者《ぎょうじゃ》を護《まも》ることになっているだろうが。それをしないで、どうするんだ。こんなことでいいのか。使命を果たせるのか」というようなことを大声で叫《さけ》ぶという〝パフォーマンス〟をして帰ってきます。自分が斬られるのを知っていますから、そのようにワアワアと大音声《だいおんじょう》を発して帰ってくるわけです。

ただ、学者的には一説あり、「過去、日蓮を救った人のなかに、この鎌倉八幡宮の神社の神主《かんぬし》系の人がいるのではないか。これよりも前に日蓮が襲われたとき、助けているのではないか」と言う人もいます。

「『松葉ヶ谷《まつばがやつ》の法難《ほうなん》』で焼き討《う》ちに遭《あ》ったときも、助かるわけがなかったが、これが情報として漏《も》れていたので、八幡宮の人が導いて助けたのではないか」と言われているのです。

その際、「白い猿《さる》が出てきて、日蓮を山のほうに導いて助けた」などと言われていますが、「白い猿」と言っても、夜目《よめ》に見える〝白い猿〟です。神主さんも白衣を着ていますから、それで「実は、神主さん系統が情報を知って助け出したのではないか」と言われていて、「『竜ノ口の法難』のときにも、『わしは首を斬られるから、助けに来いよ』と言ったのではないか」という説があるわけです。

真夜中に行われようとした日蓮の処刑《しょけい》に集まった大勢の観客

日蓮がそのように、八幡大菩薩に「助けに来い」と叱りつけたので、「それを察知した人がいるのではないか」ということです。

実は、竜ノ口で夜中の二時か三時ごろに首を斬る予定だったのですが、そこに連れていくと、おかしなことに、真夜中にもかかわらず、〝観客〟がたくさん来ていました。それこそ白装束《しろしょうぞく》ではありませんけれども、やはり、八幡宮の神職の者たちが大勢見にきて、圧力をかけていたようなのです。

罪においては「流罪」だったため、本来、首を斬ることはできなかったにもかかわらず、ひそかに首を斬ろうとしているのを見抜《みぬ》かれたのでしょう。多数の証人がいるところで、幕府の人たちが日蓮の首を斬ろうとすれば、そのことがばれてしまい、「これは違法《いほう》だ」と言えます。それで、真夜中にもかかわらず、観客がだいぶ来ていたらしいのです。

それはつまり、「何らかの外護《げご》をする人が鎌倉の八幡宮のなかにいた」ということでしょう。おそらく、日蓮のシンパがいたと思われます。

そこの神職や信徒たちが、真夜中に竜ノ口まで、「ちょっとおかしいのではないか。悪いことをするのではないか」と、圧力をかけるように来ていたわけです。

いずれにせよ、自分の口でそれを導いたのであれば、日蓮は大した「戦略家」ではないでしょうか。

突然《とつぜん》、江《え》ノ島《しま》のほうから鞠《まり》のように飛んできた「光り物」

さて、竜ノ口まで馬に乗って行った日蓮が、いよいよ斬られるという段になって、奇跡が起きたわけです。これを信じるか信じないかは人それぞれですけれども、『法華経』のなかのいわゆる「観音経《かんのんぎょう》」にあるような奇跡が起きたことになっています。

ちょうどそのころ、「江《え》ノ島《しま》の方角から、月のようなものが、鞠《まり》のようにビョーンビョーンと飛んできて、馬の上を越《こ》えていった」というのです。

鞠のようなものが飛んできたため、みな仰天《ぎょうてん》してしまい、怖がったといいます。日蓮的に言えば、「それで刀がバラバラに割れてもよい」ということになるでしょうが、これを信じる人はあまりいないかもしれません。
「何か、光り物が飛んでいったので、首斬り役人その他、みな怯《おび》えて、一町も逃《に》げる者もいた」といいます。つまり、何百メートルも逃げ出したというのです。
確かに、観客が多いと、そういう騒《さわ》ぎが起きやすかったかもしれません。ひっそりと斬るならともかく、大勢の観客がいて、圧力をかけているときにそういうものが出てきたら、「ウワーッ」という感じになることはありえます。

竜《たつ》ノ口《くち》の「光り物」の正体は、ＵＦＯ、流星、それとも球電《きゅうでん》現象？

では、この「光り物」とはいったい何でしょうか。

「月のようなものが出《い》でて、鞠のように動きながらやってくる」と書かれたように見えるものとしては、現代的にはUFOかもしれません。そのような動きをするのは、UFOぐらいしか考えられないでしょう。

また、これについては、歴史的に年代を計算し、「当時、伊豆の辺りで大流《りゅう》星群《せい》があったから、これは流星だ」ということを新書に書いている自然科学者もいます。

ただ、流星では少々遠いのではないでしょうか。「流星が飛んだ」「明らかに流星だ」といった説もあるのですが、流星ならば誰《だれ》でも見覚えがあるでしょうし、流星は鞠のようには動かないし、流星が馬の上を越えていくような感じは出ません。集まっていた人々の上を越えたとなると、やはりもう少し地上に近いものでなければ、上を越える感じは出ないでしょう。

「流星が飛んだ」という天文学者の説は強いですし、当時の人は流星も「光り物」と呼ぶ場合があるので、その可能性はあるのですが、流星ははるかに上空を飛びますので、やはり、少し違《ちが》うような気がします。

さらに、それで納得《なっとく》しない人のなかには、「これは『球電現象《きゅうでんげんしょう》』だ」と言う人もいて、現在、いろいろと研究が進んでいるのです。

雷《かみなり》が落ちるときなどに、その途中で火の玉のようなものが生じることがあると言われています。何十センチかの火の玉状のものがボーッと飛ぶ現象が見られ、それによる火事等も起きているようです。そうした「球電現象」というものがあります。

日蓮宗の信者のなかにも、「この動きは球電に違いない。当時、雷が落ちて、球電が飛んできたのだ」と言う人がいるのですが、そういう可能性もなきにしもあらずではあります。

庭の梅の枝に「明星《みょうじょう》のような光り物」がかかった奇跡《きせき》

日蓮は、竜ノ口で首を斬られ損《そこ》ねたあと、依智《えち》(現在の神奈川県厚木《あつぎ》市内)という所に行くのですが、そこでもまた奇跡《きせき》のようなことが起きました。

夜、警護の武士たちと庭に出ていたときに、「明星《みょうじょう》のような星が下りてきて庭の梅の枝にかかった」というのですが、これも、「いったい何だろうか」と言われてきました。

「金星だろう」という説がありますけれども、金星を見て、侍《さむらい》たちが怯えて逃げるというのも、やや考えにくいものがあります。「梅の枝にかかった大きな明星のような光り物」というのは、これもまたUFOのように感じられなくもありません。

ちなみに、映画「黄金の法」（製作総指揮・大川隆法。二〇〇三年公開）を製作するとき、私は、「もし日蓮を出せたら、その話をタイムマシンのところで使おうかな」と考えたものの、そこまでシナリオに入り切らなかったので諦《あきら》めたことがあるのですが、十分に〝使える〟ような設定ではありました。

偶然《ぐうぜん》とは思えない神秘現象によって命を救われた日蓮

それはともかく、竜ノ口では、運がよいことに、ちょうど首を斬られそうになるときに「光り物」が現れているのです。

それがＵＦＯであるか、球電であるか、プラズマであるか、あるいは流星であるか、それは、現在としては確定しがたいものでありますが、当時の人は迷《めい》信《しん》深いですから、そういうものが現れたときに、みな怯えて逃げたため、命が助かったわけです。そのような奇跡がありました。

日蓮宗で熱心な信者のなかには、「イエス・キリストは助からなかったのに、日蓮は助かった。だから、こちらのほうが偉《えら》い」というような意見を持っている人もいるわけです。

「イエスがそんなに偉い人だったら、十字架《じゅうじか》に架かるときに、ちゃんと光り物か何か飛んできて助けたらどうだい。助からなかっただろう？　日蓮聖人《しょうにん》は助かったのだから、神通力《じんつうりき》としては、こちらのほうが上ではないか」と、そこまで心酔《しんすい》するような人もいます。

やはり、こういう話を読み、「本物だ」と思って惹《ひ》かれる人もいるわけです。このようなものには奇跡談が付きものでしょう。

ただ、デマやホラも多いので、それらをどこまで信じてよいかは分かりません。

したがって、科学的頭脳の人は「流星でも流れたのだろう」というあたりで満足するのがよいでしょうし、ＳＦファンは「ＵＦＯでも現れたのだろう」と思うのが正しいでしょうし、自然現象を重視する方は「球電が飛んだ」と思ったほうがよいかもしれませんが、描写《びょうしゃ》から見るかぎりでは、確かに、運よく何らかの「光り物」が飛んだことは間違いないと思われます。

それは偶然《ぐうぜん》だったのかもしれないのですが、偶然にしては、首を斬られる直前のことではありましたから、そういう意味では「奇跡」と考えてよいのかもしれません。

「鞠のような動き」ということから見ると、私には何だかＵＦＯのように感じられなくもないのですが、当時の人はそれだけの認識力がないでしょうし、これはキワモノになりますので、あまり深入りはしないことにします。

ただ、嘘《うそ》で書いたら、「鞠のように」といった表現はできないのではないかと思うので、やはり、〝何か〟を見たのでしょう。

この人も、もとは宇宙人だったのでしょうか（会場笑）。その仲間が誰か来たのだとすれば、超《ちょう》古代史等に言及《げんきゅう》した『太陽の法』（前掲《ぜんけい》）ともつながるものがありますけれども、このあたりは神秘的なままでよいのかもしれません。

「蒙古襲来《もうこしゅうらい》」の予言が的中しても、諫言《かんげん》を受け入れられなかった日蓮

さて、そういうことがあったあと、日蓮は佐渡島《さどがしま》に流されるわけですが、ここでも念仏の信者に囲まれ、命を襲われるような恐《おそ》れがありました。

しかし、二年半の間に、地元でもその人格に帰依《きえ》する人が現れ、信者が出てきています。例えば、もともとは念仏宗だった阿仏房《あぶつぼう》や千日尼《せんにちに》といった熱心な人たちが帰依し、夜中に食料を届けるなどして日蓮を助けました。

そして、二年余りの間に、日蓮が『立正安国論《りっしょうあんこくろん》』で予言していたところの蒙《も》古攻《こぜ》めの危機が迫《せま》り、いわゆる「他国侵逼難《たこくしんぴつなん》」が実際に起きるかもしれない状《じょう》況《きょう》になってきたので、「これは本当かもしれない」ということで許され、鎌倉

に戻《もど》ってきます。

そこでまた平頼綱の尋問を受け、いろいろと訊《き》かれるのですけれども、やはり日蓮は節《せつ》を曲げず、宥和《ゆうわ》することはできませんでした。

そのように、合わせて三回ほど政府を諫《いさ》めたにもかかわらず、受け入れられなかったため、「三度諫めて受け入れられなかったら去る」ということで、日蓮は身延山《みのぶさん》（山梨県《やまなし》）に入ったのです。

身延山に入ってからは足かけ九年の晩年を送りましたが、それは淋《さみ》しい晩年でした。

しかし、佐渡の約二年と身延山の約九年という、二回の深い〝消し込《こ》み〟の期間があって、その間に宗教家としての「深み」のようなものがずいぶん出てきた感じを受けます。

11 日蓮は「イエスと似た性格の人」だった

激しさの一方で、人情《にんじょう》が細《こま》かく女性に優《やさ》しい人だった日蓮

このように、日蓮は激しい人という感じがするのですが、幸福の科学の初期のころから私のところに出てきている日蓮の霊《れい》は、かなり深みのあるタイプの人でした。

その深みは、生前に日蓮が出した五百通もの手紙に表れています。その手紙を見ると、それはそれは人情《にんじょう》の細《こま》かい人で、女性に対しても非常に優《やさ》しいのです。「女人成仏《にょにんじょうぶつ》」に対しても、たいへん寛容《かんよう》な人でした。

私のところに出てきたのは、そのような日蓮によく似ていましたが、生前は、激しく戦っては挫折《ざせつ》して、苦しみの炎《ほのお》を、忍耐《にんたい》のなかで抑《おさ》えるような修行《しゅぎょう》をした人でもあります。

この世を超《こ》えた霊的《れいてき》な人だった日蓮とイエス

ただ、キャラクターや性格等、全般《ぜんぱん》的に見ると、「日蓮という人は、意外とイエスによく似た性格だな」という感じを、私は受けました。

内村鑑三《うちむらかんぞう》や矢内原忠雄《やないはらただお》というようなキリスト者《しゃ》が、「尊敬する日本人」として日蓮を挙げていますが、やはり理由はあるような気がします。確かにイエスによく似ているのです。

二人とも非常に激しさがありますし、迫害《はくがい》を受けることもそうですし、「不《ふ》惜身命《しゃくしんみょう》」というところも共通しています。

日蓮がまさしく不惜身命だったのは間違《まちが》いありません。何度も斬《き》りかかられても、まったく節《せつ》を曲げなかったのですから、これは死ぬ覚悟《かくご》であり、『法華《ほけ》経《きょう》』の言う不惜身命そのままですし、イエスの場合は本当に死んでしまったわけですから、これも不惜身命そのものでしょう。

そのように、節を曲げない不惜身命の宗教者として、この二人は非常に際立《きわだ》っています。

それから、他宗排撃《はいげき》においては、日蓮は非常に口が悪かったのですけれども、イエスもそうだったと思われるのです。古い宗教としてのユダヤ教、旧約《きゅうやく》の人たちに対して罵《ののし》るなど、かなり攻撃《こうげき》しています。

迫害を受けたということでも同様ですし、節を曲げなかったところも同様ですし、妥協《だきょう》を許さなかったことも同様でしょう。

それから、「破滅《はめつ》型人生」だったところも同様です。破滅型人生であるということは、つまり、半《なか》ば〝この世の人〟ではなかったのでしょう。やはり霊的《れいてき》な人であり、この世の世界の人ではなかったのでしょう。

イエスも日蓮もともに、「この世の部分」だけで見れば成功しているとは言えません。ともに破滅型人生ではありますが、「この世を超《こ》えた世界」を確信しているからこそ、平気だったところがあるのでしょう。

教団初期の激しさを「後世の人教団」がまねることで生じる問題

ところで、日蓮が佐渡島《さどがしま》に流された段階で、日蓮宗の信者はどのくらいいたのでしょうか。実は、弟子《でし》はまだ二百数十人しかいなかったのです。

したがって、日蓮が非常に激しく無責任な行動をたくさん取っていたことを、「弟子の数は二百数十人」という点から理解するならば、当時はまだそれほど偉《えら》くなかったため、一人で動き回っていたような状況《じょうきょう》だったのでしょう。

そういう意味では、その小さい段階での日蓮宗や日蓮の動きを、後世、大きくなった日蓮宗系の団体があまりまねると、やはり、社会的におかしくなったり摩擦《まさつ》が生じたりするようなことが、たくさん起きると思います。

もちろん、イエスの教団もそうでしょう。群衆は数千人いたかもしれませんが、本当の信者は少なく、十二弟子でしたし、最後の十字架《じゅうじか》の段階では、女性たち以外はみな逃《に》げて、いなくなってしまったのですから、残ったのは女性の弟子が二、三人ぐらいでしょう。それほど小さく、迫害・弾圧《だんあつ》されていたものが、後世、また大きくなっていくのです。

しかし、後世、大きくなって活動するときに、初期のその激しさをあまり持ちすぎていると、やはり、社会的にはいろいろな問題が起きることもあることを、知らなければいけないでしょう。大教団になったら、それなりのこの世的な作法や考え方があるわけです。

現代の日蓮系教団に求められる自重《じちょう》の精神

現在、日蓮宗系であっても、他宗排撃だけでは、とても生きてはいけないでしょう。生前の日蓮がいくら批判していたとしても、七百年たっても念仏宗《ねんぶつしゅう》が消えず、真言宗《しんごんしゅう》も消えずに遺《のこ》っているのを見れば、やはり、そのなかにも真理があったことは間違いありません。

もちろん、日蓮は一生懸命《いっしょうけんめい》でしたし、「これは本物だ」と確信していたのも事実ですし、「本物だと確信したものがまったく間違いではなかった」というのは、仏教的に見てもそれなりに根拠《こんきょ》があったことも事実でしょう。

また、日蓮が出なければ、『法華経』がこれほどに広がらなかったことも事実でしょう。

そういう功績の部分は非常に大きくありながらも、日蓮が流罪《るざい》になったときに二百人そこそこの弟子しかいなかったということ、その規模の教団での活動だったということを知らず、大きくなってからも同じような激しいことをすると、やはり問題がたくさん起きるのではないかと思います。

このあたりのことは、現代の日蓮系の諸集団に自重《じちょう》が求められる部分でもあるでしょう。

講義としては以上です。

第2部　質疑応答

――『黄金の法』講義⑤――

二〇〇二年十一月二十六日　説法《せっぽう》

東京都・幸福の科学総合本部にて

鎌倉《かまくら》仏教の問題点と、評価すべき点とは

Q　第1部では、鎌倉《かまくら》仏教の〝最終ランナー〟である日蓮《にちれん》についての御講義《ごこうぎ》を頂きましたが、一般《いっぱん》社会のなかでは、鎌倉仏教全体の人気や影響《えいきょう》が非常に強くあります。私の実家のほうでも浄土《じょうど》系の影響が非常に強いです。

以前、大川隆法総裁より、「仏教史のピーク（頂点）は、奈良《なら》仏教である」とお説きいただいていますが（『インド、そして日本』〔宗教法人幸福の科学刊〕参照）、こういう観点から見たときに、「鎌倉仏教は、どのようなところが問題で、どのようなところが評価できるのか」という点について、ご教示いただければ幸いに存じます。

「難しい奈良《なら》仏教」では庶民《しょみん》が救われない

「奈良《なら》仏教がピークだ」というのは、教義的な部分の研究が非常にしっかりしていたからです。

奈良仏教は、仏教について一通りの研究をしていました。仏教では、小乗《しょうじょう》・大乗《だいじょう》など、いろいろと言われていますが、日本にお経《きょう》として来ている「大蔵《だいぞう》経《きょう》」の研究については完璧《かんぺき》に行《おこな》っていたのです。

そういう意味では、総合的でバランスが取れていたわけです。言っていることと自体はそうですし、正しくインドのさまざまな各宗派の教えを全部持っていたのが、奈良仏教だと思います。

ただ、奈良仏教は「難しい」です。難しいから、かなりのインテリでないとできないわけです。そのため、本来の大乗の精神から言えば、「もっともっと教えを広げたい」という気持ちが強く出てくることは、当然でしょう。

奈良仏教は、大学院のような感じでしょうか。そのように、非常に難しい哲《てつ》学《がく》を勉強するような感じでは、庶民《しょみん》が救われないのです。そういうニーズが時代背景として出てきたわけです。

大衆救済の背景にある「源平《げんぺい》の戦い」

その背景が出てきたのは、「源平《げんぺい》の戦い」あたりです。

当時、日本国中が非常に悲惨《ひさん》な状況《じょうきょう》だったのだと思います。現代では、すでに時代が遠くなったため、はっきり分かりませんが、アメリカで言えば、「南北戦争」に当たるかもしれません。「国が潰《つぶ》れるかどうか」というような戦いです。源氏《げんじ》と平氏《へいし》に分かれた戦いによって、日本全国を覆《おお》っていた平氏が全滅《ぜんめつ》し、源氏の世になったわけです。

これは、今の人であるから、昔の歴史としてボーッと見ていますが、実際の目で見れば、屍累々《しかばねるいるい》で、あちらにもこちらにも死体の山だと思います。食糧《しょくりょう》はないし、死体がたくさんあったため、「これを救わなければいけない」というニーズが非常にあったのでしょう。

そのなかで、浄土宗系は、「この世はすでに救いようがないので、来世《らいせ》の極楽《ごくらく》を説いて人の心を安らげよう」という気持ちが強かったでしょうし、他のいろいろな宗派も人々を救いたかったのでしょう。

やはり、「大衆救済をしたい」という気持ちが出た理由としては、「源平の戦い」という争乱が非常に大きかったと思います。これによって、みな、末法《まっぽう》思想というか、世紀末のイメージを持ったのでしょう。ずばり世紀末のイメージから、「世紀末を救う者は、いったい誰《だれ》であるか」と思うようになったわけです。そして、〝スター〟がたくさん出てきて活躍《かつやく》したのです。

「学問的な正しさ」より「どうすれば救えるか」を考えている

したがって、彼らは、「学問的な正しさ」というよりは、「現実にいる人たちをどうすれば救えるか。それが救えなければ、宗教としての使命が果たせないではないか」というところを考えています。

要するに、戦場の看護師や医者のような気持ちだったのではないでしょうか。

「難しい哲学や講釈《こうしゃく》は要《い》らないので、よく効《き》く薬をくれ。よく効く手術と、よく治る包帯や消毒薬が要るのだ」というような時代だったと思います。

その時代背景を無視しては、源信《げんしん》（恵心僧都《えしんそうず》）以下の「来世の思想」はよく分からないし、「密教《みっきょう》」も分からないのです。

密教は空海《くうかい》以降に流行《はや》ったのですが、やはり、救いを求めたのだと思います。

「何か超能力《ちょうのうりょく》のようなものがなければ救えない。この世だけではもう救えない」という力の限界を感じて、密教が流行ったわけです。やはり、救いの気持ちが広がったのだと思います。

そういう意味で、どれも情熱としては同じなのですが、流派が違《ちが》ったわけです。

浄土宗《じょうどしゅう》の「南無阿弥陀仏《なむあみだぶつ》」に対応する、日蓮の「南無妙法蓮華経《なむみょうほうれんげきょう》」

　ですから、日蓮が出なければ、『法華経《ほけきょう》』はそんなに広がらなかったでしょうが、日蓮は、「『法華経』こそ真実」と言いつつも、「『法華経』を全部学んだら救われる」と言ったかといえば、言っていません。

　やはり、「南無阿弥陀仏《なむあみだぶつ》」に対応する「南無妙法蓮華経《なむみょうほうれんげきょう》」を称《とな》えているわけです。ライバルは「南無阿弥陀仏」と称えていましたが、それを批判する人も「南無妙法蓮華経」と称えているので、同じです。

　相手より長いものであれば、負けるでしょう。浄土宗が「『南無阿弥陀仏』を称えれば、成仏《じょうぶつ》できる」と言っているのに、『法華経』を学んでいるほうは、

「少なくとも、最初の序品《じょほん》ぐらいは覚えてください」とか、「方便品《ほうべんぼん》を暗記してください」とか言っていたら、絶対に負けます。このように競争したら負けるため、「『南無妙法蓮華経』でよい」ということになるでしょう。「南無阿弥陀仏」と同じです。

このように、敵と似てくるわけです。浄土宗の批判を言いつつも、結局は題《だい》目《もく》だけになったところがあります。

鎌倉仏教の各派は、その後、教義的には堕落《だらく》していく流れが出ていますが、「救いたい」という気持ちがあったことは、本当でしょう。

一般《いっぱん》の社会に仏教を解《と》き放《はな》った鎌倉《かまくら》仏教

「源平の争乱」以降、世相は非常に悪かったのです。食糧がなかったですし、飢饉《ききん》が多かったですし、現代では原因が分かっていても、昔は分からなかった流行病《はやりやまい》によって人がたくさん死んでいますし、争乱も多かったわけです。そうした死体が山のようにある時代において、「あなたなら、何ができるか」ということを言われたら、どうするでしょうか。

例えば、法然《ほうねん》は、ものすごく勉強をした人でした。仏教をたくさん勉強したのに、最後、全部を捨てて、念仏を教えたわけです。それは、現実の死体がゴロゴロと転がっていて、オロオロしている人たちを見れば、そんな難しいことは言えないからです。

ですから、密教の「陀羅尼《だらに》」になったり、浄土宗の「南無阿弥陀仏」になったり、日蓮宗の「南無妙法蓮華経」になったりするということも分かります。何とか人々を救いたかったのでしょうし、それによって救われる部分は現実にあると思います。

それが嘘《うそ》であれば、例えば、幸福の科学においてエル・カンターレ像に祈《いの》ったり、祈願《きがん》したりすることも効かないはずです。しかし、それは嘘ではありませんので、それなりに救いはあるのです。

したがって、「鎌倉《かまくら》仏教において、本当の意味での大乗の本質が現れた」ということです。

「奈良時代の仏教は、大乗仏教である」ということになってはいるのですが、やや小乗的な意味合いが多かったのではないでしょうか。そして、「仏教は僧《そう》侶《りょ》専門である」という面があったと思います。しかし、鎌倉仏教は、一般《いっぱん》の社会に仏教を解き放ったわけです。

親鸞《しんらん》は自分を僧侶だと思っていませんでした。「半僧半俗《はんそうはんぞく》」ですから、自分を俗人だと思って広げていたのでしょうが、今は僧侶として認められています。

ですから、「親鸞聖人《しょうにん》」や「日蓮聖人」と言われていますが、「聖人」という名が付く人のほうが、実は俗人のように生きていたところが多いのです。ここが面白《おもしろ》いところです。

「地ならし」として続いていることはありがたい

ですから、鎌倉仏教はそれなりの使命を果たしたのではないかと思いますし、現代まで続いているのを見れば、まだ使命としては続いているものもあるのでしょう。

ただ、今、幸福の科学の教えである『太陽の法』や『黄金の法』をきちんと読んでみて、それから『法華経』や「立正安国論《りっしょうあんこくろん》」などの日蓮の教えを読んでみた場合、どちらのほうが明確な救いがあるでしょうか。それは、やはり現代の幸福の科学の教えでしょう。

そういう意味で、「伝える」ということ自体は大事なことですが、ときどきは「新しい運動」が起きて、もう一段の啓蒙《けいもう》をしなければいけないこともあるわけです。

浄土系も負けずにまだ頑張《がんば》っています。日蓮系と同じぐらい信者がいるのですから、同じぐらいの力があるのでしょう。

いろいろな宗派がありますが、宗教の「地ならし」として続いてくれることはありがたいです。何だかんだ言っても、断絶したら「終わり」です。

続いているからこそ、「復興運動」や「新しい革新運動」ができますが、それがなければ難しいでしょう。そういう意味で、私は、いろいろな宗派が続いていることは、ありがたいことだと思っています。

『日蓮を語る』大川隆法著作関連書籍

『太陽の法』（幸福の科学出版刊）
『黄金の法』（同右）
『人を愛し、人を生かし、人を許せ。』（同右）

※左記は書店では取り扱っておりません。最寄りの精舎・支部・拠点までお問い合わせください。
『インド、そして日本』（宗教法人幸福の科学刊）
『大川隆法霊言全集 第1巻 日持の霊言／日蓮の霊言』（同右）
『大川隆法霊言全集 第2巻 日蓮の霊言』（同右）

日蓮《にちれん》を語《かた》る――『黄金の法』講義⑤――

2014年8月27日　初版第1刷

著　者　　大《おお》　川《かわ》　隆《りゅう》　法《ほう》

発行所　　幸福の科学出版株式会社

〒107-0052 東京都港区赤坂2丁目10番14号
TEL(03)5573-7700
http://www.irhpress.co.jp/

印刷・製本　株式会社 東京研文社

落丁・乱丁本はおとりかえいたします

ISBN978-4-86395-529-5 C0014
写真：アフロ

大川隆法ベストセラーズ・「幸福の科学大学」が目指すもの

宗教学から観た「幸福の科学」学・入門

立宗27年目の未来型宗教を分析する

幸福の科学とは、どんな宗教なのか。教義や活動の特徴とは？ 他の宗教との違いとは？ 総裁自らが、宗教学の見地から「幸福の科学」を分析する。

1,500円

仏教学から観た「幸福の科学」分析

東大名誉教授・中村元と仏教学者・渡辺照宏のパースペクティブ（視覚）から

仏教は「無霊魂説」ではない！ 仏教学の権威 中村元氏の死後14年目の衝撃の真実と、渡辺照宏氏の天上界からのメッセージを収録。

1,500円

幸福の科学の基本教義とは何か

真理と信仰をめぐる幸福論

進化し続ける幸福の科学――本当の幸福とは何か。永遠の真理とは？ 信仰とは何なのか？ 総裁自らが説き明かす未来型宗教を知るためのヒント。

1,500円

比較宗教学から観た「幸福の科学」学・入門

性のタブーと結婚・出家制度

同性婚、代理出産、クローンなど、人類の新しい課題への答えとは？ 未来志向の「正しさ」を求めて、比較宗教学の視点から、仏陀の真意を検証する。

1,500円

※表示価格は本体価格（税別）です。

大川隆法シリーズ・最新刊（幸福論シリーズ）

ソクラテスの幸福論

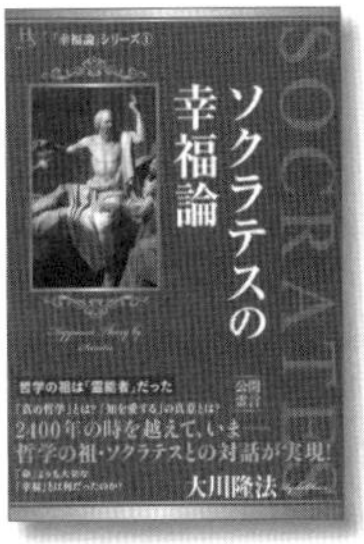

諸学問の基礎と言われる哲学には、必ず〝宗教的背景〟が隠されている。知を愛し、自らの信念を貫くために毒杯をあおいだ哲学の祖・ソクラテスが語る「幸福論」。

1,500 円

キリストの幸福論

失敗、挫折、苦難、困難、病気……。この世的な不幸に打ち克つ本当の幸福とは何か。2000 年の時を超えてイエスが現代人に贈る奇跡のメッセージ！

1,500 円

ヒルティの語る幸福論

人生の時間とは、神からの最大の賜りもの。「勤勉に生きること」「習慣の大切さ」を説き、実業家としても活躍した思想家ヒルティが語る「幸福論の真髄」。

1,500 円

アランの語る幸福論

人間には幸福になる「義務」がある――。人間の幸福を、精神性だけではなく科学的観点からも説き明かしたアランが、現代人に幸せの秘訣を語る。

1,500 円

大川隆法シリーズ・最新刊（幸福論シリーズ）

北条政子の幸福論 ―嫉妬・愛・女性の帝王学―

現代女性にとっての幸せのカタチとは何か。夫である頼朝を将軍に出世させ、自らも政治を取り仕切った北条政子が、成功を目指す女性の「幸福への道」を語る。

1,500円

孔子の幸福論

聖人君子の道を説いた孔子は、現代をどう見るのか。各年代別の幸福論から理想の政治、そして現代の国際潮流の行方まで、儒教思想の真髄が明かされる。

1,500円

ムハンマドの幸福論

西洋文明の価値観とは異なる「イスラム世界」の幸福とは何か？ イスラム教の開祖・ムハンマドが、その「信仰」から「国家観」「幸福論」までを語る。

1,500円

パウロの信仰論・伝道論・幸福論

キリスト教徒を迫害していたパウロは、なぜ大伝道の立役者となりえたのか。「ダマスコの回心」の真実、贖罪説の真意、信仰のあるべき姿を、パウロ自身が語る。

1,500円

※表示価格は本体価格（税別）です。

大川隆法ベストセラーズ・忍耐の時代を切り拓く

忍耐の法

「常識」を逆転させるために

人生のあらゆる苦難を乗り越え、夢や志を実現させる方法が、この一冊に──。混迷の現代を生きるすべての人に贈る待望の「法シリーズ」第20作!

2,000円

「正しき心の探究」の大切さ

靖国参拝批判、中・韓・米の歴史認識……。「真実の歴史観」と「神の正義」とは何かを示し、日本に立ちはだかる問題を解決する、2014年新春提言。

1,500円

自由の革命

日本の国家戦略と世界情勢のゆくえ

「集団的自衛権」は是か非か!? 混迷する国際社会と予断を許さないアジア情勢。今、日本がとるべき国家戦略を緊急提言!

1,500円

幸福の科学出版

大川隆法シリーズ・**最新刊**

幸福の科学大学創立者の精神を学ぶI（概論）

宗教的精神に基づく学問とは何か

いま、教育界に必要な「戦後レジームからの脱却」とは何か。新文明の創造を目指す幸福の科学大学の「建学の精神」を、創立者みずからが語る。

1,500円

幸福の科学大学創立者の精神を学ぶII（概論）

普遍的真理への終わりなき探究

「知識量の増大」と「専門分化」が急速に進む現代の大学教育に必要なものとは何か。幸福の科学大学創立者が「新しき幸福学」の重要性を語る。

1,500円

文部科学大臣・下村博文守護霊インタビュー②

大学設置・学校法人審議会の是非を問う

「学問の自由」に基づく新大学の新設を、"密室政治"によって止めることは許されるのか? 文科大臣の守護霊に、あらためてその真意を問いただす。

1,400円

※表示価格は本体価格（税別）です。

大川隆法シリーズ・**最新刊**

幸福学概論

個人の幸福から企業・組織の幸福、そして国家と世界の幸福まで、1600 冊を超える著書で説かれた縦横無尽な「幸福論」のエッセンスがこの一冊に!

1,500円

ザ・ヒーリングパワー

病気はこうして治る

ガン、心臓病、精神疾患、アトピー……。スピリチュアルな視点から「心と病気」のメカニズムを解明。この一冊があなたの病気に奇跡を起こす!

1,500円

エクソシスト概論

あなたを守る、「悪魔祓い」の基本知識Q＆A

悪霊・悪魔は実在する! 憑依現象による不幸や災い、統合失調症や多重人格の霊的背景など、六大神通力を持つ宗教家が明かす「悪魔祓い」の真実。

1,500円

幸福の科学グループの教育事業

Noblesse《ノーブレス》 Oblige《オブリージ》

「高貴なる義務」を果たす、
「真のエリート」を目指せ。

幸福の科学学園

中学校・高等学校（那須本校）

Happy Science Academy Junior and Senior High School

私は、
教育が人間を創ると
信じている一人である。
若い人たちに、
夢とロマンと、精進、
勇気の大切さを伝えたい。
この国を、全世界を、
ユートピアに変えていく力を
出してもらいたいのだ。

（幸福の科学学園 創立記念碑より）

幸福の科学学園 創立者
大川隆法

幸福の科学学園（那須本校）は、幸福の科学の教育理念のもとにつくられた、男女共学、全寮制の中学校・高等学校です。自由闊達な校風のもと、「高度な知性」と「徳育」を融合させ、社会に貢献するリーダーの養成を目指しており、2014年4月には開校四周年を迎えました。

幸福の科学グループの教育事業

Noblesse《ノーブレス》 Oblige《オブリージ》

「高貴なる義務」を果たす、
「真のエリート」を目指せ。

2013年 春 開校

幸福の科学学園 関西中学校・高等学校

Happy Science Academy
Kansai Junior and Senior High School

私は日本に
真のエリート校を創り、
世界の模範としたい
という気概に満ちている。
『幸福の科学学園』は、
私の『希望』であり、
『宝』でもある。
世界を変えていく、
多才かつ多彩な人材が、
今後、数限りなく
輩出されていくことだろう。
（幸福の科学学園関西校 創立記念碑より）

幸福の科学学園 創立者
大川隆法

滋賀県大津市、美しい琵琶湖の西岸に建つ幸福の科学学園（関西校）は、男女共学、通学も入寮も可能な中学校・高等学校です。発展・繁栄を校風とし、宗教教育や企業家教育を通して、学力と企業家精神、徳力を備えた、未来の世界に責任を持つ「世界のリーダー」を輩出することを目指しています。

幸福の科学学園・教育の特色

「徳ある英才」の創造

教科「宗教」で真理を学び、行事や部活動、寮を含めた学校生活全体で実修して、ノーブレス・オブリージ（高貴なる義務）を果たす「徳ある英才」を育てていきます。

体育祭

天分を伸ばす「創造性教育」

教科「探究創造」で、偉人学習に力を入れると共に、日本文化や国際コミュニケーションなどの教養教育を施すことで、各自が自分の使命・理想像を発見できるよう導きます。さらに高大連携教育で、知識のみならず、知識の応用能力も磨き、企業家精神も養成します。芸術面にも力を入れます。

探究創造科発表会

一人ひとりの進度に合わせた「きめ細やかな進学指導」

熱意溢れる上質の授業をベースに、一人ひとりの強みと弱みを分析して対策を立てます。強みを伸ばす「特別講習」や、弱点を分かるところまでさかのぼって克服する「補講」や「個別指導」で、第一志望に合格する進学指導を実現します。

授業の様子

自立心と友情を育てる「寮制」

寮は、真なる自立を促し、信じ合える仲間をつくる場です。親元を離れ、団体生活を送ることで、縦・横の関係を学び、力強い自立心と友情、社会性を養います。

毎朝夕のお祈りの時間

幸福の科学学園の進学指導

1 英数先行型授業

受験に大切な英語と数学を特に重視。「わかる」(解法理解)まで教え、「できる」(解法応用)、「点がとれる」(スピード訓練)まで繰り返し演習しながら、高校三年間の内容を高校二年までにマスター。高校二年からの文理別科目も余裕で仕上げられる効率的学習設計です。

2 習熟度別授業

英語・数学は、中学一年から習熟度別クラス編成による授業を実施。生徒のレベルに応じてきめ細やかに指導します。各教科ごとに作成された学習計画と、合格までのロードマップに基づいて、大学受験に向けた学力強化を図ります。

3 基礎力強化の補講と個別指導

基礎レベルの強化が必要な生徒には、放課後や夕食後の時間に、英数中心の補講を実施。特に数学においては、授業の中で行われる確認テストで合格に満たない場合は、できるまで徹底した補講を行います。さらに、カフェテリアなどでの質疑対応の形で個別指導も行います。

4 特別講習

夏期・冬期の休業中には、中学一年から高校二年まで、特別講習を実施。中学生は国・数・英の三教科を中心に、高校一年からは五教科でそれぞれ実力別に分けた講座を開講し、実力養成を図ります。高校二年からは、春期講習会も実施し、大学受験に向けて、より強化します。

5 幸福の科学大学(仮称・設置認可申請中)への進学

二〇一五年四月開学予定の幸福の科学大学への進学を目指す生徒を対象に、推薦制度を設ける予定です。留学用英語や専門基礎の先取りなど、社会で役立つ学問の基礎を指導します。

授業の様子

仏法真理塾
サクセスNo.1
未来の菩薩を育て、仏国土ユートピアを目指す！

仏法真理塾「サクセスNo.1」とは

宗教法人幸福の科学による信仰教育の機関です。信仰教育・徳育にウエイトを置きつつ、将来、社会人として活躍するための学力養成にも力を注いでいます。

サクセスNo.1 東京本校（戸越精舎内）

「サクセスNo.1」のねらいには、「仏法真理と子どもの教育面での成長とを一体化させる」ということが根本にあるのです。

大川隆法総裁　御法話『サクセスNo.1』の精神」より

仏法真理塾「サクセスNo.1」の教育について

信仰教育が育む健全な心

御法話拝聴や祈願、経典の学習会などを通して、仏の子としての「正しい心」を学びます。

学業修行で学力を伸ばす

忍耐力や集中力、克己心を磨き、努力によって道を拓く喜びを体得します。

法友との交流で友情を築く

塾生同士の交流も活発です。お互いに信仰の価値観を共有するなかで、深い友情が育まれます。

●サクセスNo.1は全国に、本校・拠点・支部校を展開しています。

東京本校
TEL.03-5750-0747　FAX.03-5750-0737

名古屋本校
TEL.052-930-6389　FAX.052-930-6390

大阪本校
TEL.06-6271-7787　FAX.06-6271-7831

京滋本校
TEL.075-694-1777　FAX.075-661-8864

神戸本校
TEL.078-381-6227　FAX.078-381-6228

西東京本校
TEL.042-643-0722　FAX.042-643-0723

札幌本校
TEL.011-768-7734　FAX.011-768-7738

福岡本校
TEL.092-732-7200　FAX.092-732-7110

宇都宮本校
TEL.028-611-4700　FAX.028-611-4781

高松本校
TEL.087-811-2775　FAX.087-821-9177

沖縄本校
TEL.098-917-0472　FAX.098-917-0473

広島拠点
TEL.090-4913-7771　FAX.082-533-7733

岡山本校
TEL.086-207-2070　FAX.086-207-2033

北陸拠点
TEL.080-3460-3754　FAX.076-464-1341

大宮拠点
TEL.048-778-9047　FAX.048-778-9047

全国支部校のお問い合わせは、
サクセスNo.1 東京本校（TEL. 03-5750-0747）まで。
メール info@success.irh.jp

エンゼルプランV

信仰教育をベースに、知育や創造活動も行っています。

信仰に基づいて、幼児の心を豊かに育む情操教育を行っています。また、知育や創造活動を通して、ひとりひとりの子どもの個性を大切に伸ばします。お母さんたちの心の交流の場ともなっています。

TEL 03-5750-0757　FAX 03-5750-0767
メール angel-plan-v@kofuku-no-kagaku.or.jp

ネバー・マインド

不登校の子どもたちを支援するスクール。

「ネバー・マインド」とは、幸福の科学グループの不登校児支援スクールです。「信仰教育」と「学業支援」「体力増強」を柱に、合宿をはじめとするさまざまなプログラムで、再登校へのチャレンジと、進路先の受験対策指導、生活リズムの改善、心の通う仲間づくりを応援します。

TEL 03-5750-1741　FAX 03-5750-0734
メール nevermind@happy-science.org

ユー・アー・エンゼル!（あなたは天使!）運動

障害児の不安や悩みに取り組み、ご両親を励まし、勇気づける、障害児支援のボランティア運動です。学生や経験豊富なボランティアを中心に、全国各地で、障害児向けの信仰教育を行っています。保護者向けには、交流会や、医療者・特別支援教育者による勉強会、メール相談を行っています。

TEL 03-5750-1741　FAX 03-5750-0734
メール you-are-angel@happy-science.org

シニア・プラン21

生涯反省で人生を再生・新生し、希望に満ちた生涯現役人生を生きる仏法真理道場です。週1回、開催される研修には、年齢を問わず、多くの方が参加しています。現在、全国8カ所（東京、名古屋、大阪、福岡、新潟、仙台、札幌、千葉）で開校中です。

東京校 TEL 03-6384-0778　FAX 03-6384-0779
メール senior-plan@kofuku-no-kagaku.or.jp